Barbara Nothegger

Sieben Stock Dorf

Wohnexperimente für eine bessere Zukunft

Residenz Verlag

LEBEN AUF SICHT die aktuelle Buchreihe für neue nachhaltige Wege

Die großen Herausforderungen – Klimawandel, Migrationsbewegungen, eine wachsende Weltbevölkerung bei endlichen Ressourcen – sind allen bekannt. Doch wie wir ihnen begegnen können, wollen und sollen, das bleibt umstritten. Die Reihe »Leben auf Sicht« ist der Missing Link zwischen Fachwelt und wachem Geist. Engagierte Vordenkerinnen und Geistesakrobaten, aber auch Aktivistinnen und Anpacker stellen Fragen, zeigen mögliche Antworten und liefern Ansätze für ein besseres Leben. Federführend für die Reihe ist Thomas Weber, der als Herausgeber von »Biorama« und »The Gap« als Spezialist für neue nachhaltige Wege gilt.

fb.com/LebenaufSicht

Bibliografische Information der Deutschen Nationalbibliothek
Die Deutsche Nationalbibliothek verzeichnet diese Publikation in der Deutschen Nationalbibliografie; detaillierte bibliografische Daten sind im Internet über http://dnb.dnb.de abrufbar.

www.residenzverlag.at

© 2017 Residenz Verlag GmbH
Salzburg – Wien

Alle Rechte, insbesondere das des auszugsweisen Abdrucks und das der fotomechanischen Wiedergabe, vorbehalten.

Umschlaggestaltung: sensomatic
Grafische Gestaltung/Satz: Lanz, Wien
Schrift: Brandon Grotesque, Skolar
Lektorat: Stephan Gruber, feintext.eu
Gesamtherstellung: Gugler GmbH, Melk

 Dieses Papier stammt aus nachhaltig bewirtschafteten Wäldern und kontrollierten Quellen. www.pefc.org PEFC 06-39-224

 Höchster Standard für Ökoeffektivität. Cradle to Cradle™ zertifizierte Druckprodukte innovated by gugler*. Bindung ausgenommen SILVER

 greenprint* klimapositiv gedruckt

ISBN 978 3 7017 3409 2

Für Theodor und Julius

Inhalt

1. **Zu Hause** — 9
2. **Ab ins Kollektiv** — 23
   - Das Kollektiv hat Konjunktur — 28
   - Vom Volkspalast zur Hausbesetzung — 33
   - Neuland — 38
3. **Achtung, Baustelle!** — 45
   - Anklopfen — 47
   - Zweifeln — 52
   - Träumen — 59
   - Reden — 65
   - Planen — 72
   - Bauen — 82
   - Zahlen — 90
   - Zittern — 97
4. **Sieben Stock Dorf** — 103
   - Wir Hausbesitzer — 105
   - Mach du mal — 112
   - Nachbarin im Nachthemd — 120
   - Hände hoch, Oma! — 127
   - Halt die Klappe — 134
5. **Nachhaltig wohnen** — 143
   - Teilen Sie auch Ihren Mann? — 145
   - Wie kuschelig darf es sein? — 152
   - Kollektivhaus für alle — 158

   Danke! — 168
   Das Wohnprojekt Wien — 170
   Weiterbauen — 171
   Quellen — 174

1. Zu Hause

»Welche Uni besuchen? Welche Karriere verfolgen? Wen heiraten? Alles wichtige Fragen – aber keine so bedeutend wie die wichtigste Entscheidung, die du jemals zu treffen hast: wo du leben sollst.«
RICHARD FLORIDA, »WHO'S YOUR CITY?« (2008)

Es gibt Momente im Leben, in denen die großen Fragen auftauchen. Jahrelang leben wir dahin, ohne uns näher Gedanken über das Wie, Wo und Warum zu machen. Wir richten uns ein, arrangieren uns mit den Gegebenheiten. Die Erfüllung der Träume, die wir irgendwann mal vom Leben hatten, verschieben wir auf später. Und dann, ganz unvorbereitet, passiert es: Das Leben klopft plötzlich an die Tür und will wissen, wie es weitergehen soll.

Als ich erfahre, dass ich schwanger bin, fühle ich mich überglücklich. Ja, ich bekomme ein Baby! Mein Freund Clemens und ich werden Eltern! Doch es dauert nicht lange, und es schieben sich diese großen Fragen zwischen mich und mein Entzücken. Zunächst ganz nebenbei, dann immer drängender. Und nach einiger Zeit bin ich so weit, dass ich mein ganzes Leben hinterfrage.

Es fängt damit an, dass ich den Platz, an dem Clemens und ich leben, nach und nach mit anderen Augen betrachte. Unsere Altbauwohnung war beim Einzug, nach dem Studienende, nur als Übergangsbleibe gedacht. Nun leben wir schon sechs Jahre dort. Sie ist alt, aber charmant. Ich mag die knarrenden Fischgrätböden und die Holzrahmen der Fenster, die seit der Errichtung des Hauses vor hundert Jahren noch nie gewechselt wurden. Die Miete ist günstig, und das ist gut so – denn für mich ist diese Altbauwohnung nicht mehr als ein Ort, an dem ich wohne. Im Alltag bedeutet das: schlafen, essen, duschen, entspannen. Für mehr ist wegen meines Jobs bei einem Wirtschaftsmagazin gar nicht Zeit. Darum hat meine Wohnung auch keine so große Bedeutung für mich.

Doch für unser Kind wird sie möglicherweise einen anderen Stellenwert haben. Es ist der Ort, von dem aus es die Welt entdeckt, Freunde findet, groß wird. Es ist der Ort, der es vielleicht ein Leben lang prägen wird, weil es das Zuhause seiner Kindheit ist. Vielleicht bestimmt dieser Ort sogar darüber, welcher Mensch aus unserem Kind wird. Ich frage mich: Wie wollen wir mit unserem Kind wohnen? Wie soll es aufwachsen?

Ich bemerke, wie Eigenschaften an der Wohnung, die ich früher erduldet habe, mich nun wirklich stören: Unsere Altbauwohnung liegt im ersten Stock, nordseitig, und ist deshalb ein finsterer Ort. Oft zieht ein Hauch von Calamari fritti und Knoblauch von der darunterliegenden Pizzeria über den Hinterhof in unsere Küche. Ich hasse diesen Geruch, und so bleiben unsere Fenster oft geschlossen. Vor allem im Juli und August ist das deprimierend – dann, wenn wir an einem lauen Abend in der Küche sitzen, Wein trinken, Zigaretten rauchen, und dazu gerne eine Brise Sommer durchs Fenster spüren würden. Dann fühle ich mich eingeschlossen und bekomme Sehnsucht nach den Sommerabenden meiner Kindheit: Mit meinen Schwestern zur Kirche hinüberradeln, barfuß auf den warmen Steinstiegen sitzen, die kreischenden Vögel und den rot gefärbten Himmel beobachten – das war unser Ritual vor dem Zubettgehen. Wird sich unser Kind in der Wohnung eingesperrt fühlen?

Die Lage unserer Wohnung am Radetzkyplatz nahe der Wiener Innenstadt fand ich immer toll: Nette Cafés und Bars sind vor der Haustüre, Theater und Kino nicht weit. Doch mit dem Gedanken an unser Kind sehe ich die dichte Urbanität auf einmal als Bedrohung. Ich beobachte das vierjährige Nachbarskind Max, wie es quietschend vor Freude mit seinem Laufrad vor der Haustüre losstartet und nach ein paar Metern von seiner Mutter hinterhergeschrien bekommt: »Stopp, nicht so weit, da kommt die Straßenbahn!« Was nützen mir Plätze zum Ausgehen, wenn Kinder hier keinen Schritt alleine machen können? Einfach so mal alleine zur Kirche hinüberradeln? Das kann ein Kind in unserem Viertel nicht. Zu gefährlich. Der freie Bewegungsraum endet an den eigenen vier Wänden.

Seit ich schwanger bin, fallen mir außerdem die vielen schlauen Sprüche über Kinder auf. Eigentlich will ich sie gar nicht kennen. Aber ich schaue trotzdem hin. Eine dieser Weisheiten lese ich in Büchern und Zeitschriften besonders häufig. Sie stammt aus Afrika und lautet: »Um ein Kind zu erziehen, braucht es ein ganzes Dorf.« Dieser Rat an moderne Familien scheint mir total überflüssig – weil es praktisch unmöglich ist, ihn umzusetzen. Die meisten Menschen – so wie ich auch – leben in irgendeiner Stadt, weit weg von ihrer Ursprungsfamilie. Oft mit ihrem Partner, eventuell mit Kindern, vielleicht mit Freunden in der Nähe. Aber darüber hinaus sind da nicht mehr viele Leute – weit und breit kein Dorf in Sicht!

Sosehr ich mich über diesen Spruch empören könnte, muss ich zugeben, dass ich gerne mehr Menschen um mich hätte. Wenn ich mich nicht verabredet habe, fühle ich mich manchmal ziemlich einsam. Niemand klopft und fragt, wie es geht. Es gibt in unserem Haus keine zufälligen Begegnungen, keine ungezwungenen Gespräche zwischendurch oder eine spontane Einladung zum Essen. Außer Harri, einem aus Rumänien zugewanderten Elektriker, kenne ich keinen anderen Nachbarn näher. Und selbst bei Harri, der mir zwar immer wieder selbst gefangenen Fisch aus der Donau schenkt, habe ich Hemmungen, einfach so für einen Tratsch zu klingeln. Wie einsam werden wir sein, das Baby und wir? Wird mein Kind ein Dorf haben?

Ich muss immer wieder daran denken, wie es war, als ich klein war. Ich hatte eine schöne Kindheit, obwohl ich an einem Ort aufgewachsen bin, der genau genommen kein guter Platz für Kinder ist: Mein Zuhause war ein mächtiger Dreikanthof mit Gasthaus, Fleischerei und Schlachthalle in einem Dorf in Oberösterreich. Die Geschäfte liefen gut, was zur Folge hatte, dass unser Leben von diesem Geschäft bestimmt wurde. Meine beiden Schwestern und ich wurden nicht in unserer Wohnung im ersten Stock groß, sondern zwischen Gaststube und Laden. Meine Eltern hatten kaum Zeit für uns. Schon das Frühstück habe ich nicht mit Mama und Papa eingenommen, sondern mit den Fleischergesellen am großen Tisch in der Wirtshausküche. Warum war ich trotzdem ein glückliches Kind?

Ich habe unsagbar viel Freiheit gespürt. Mein Bewegungsradius erstreckte sich weit über die Wohnungstüre hinaus. Im ganzen Haus warteten auf meine Schwestern und mich Tausende Abenteuer: Wir verschwanden am Dachboden, wo wir Mutproben inszenierten und uns durch alte Kisten wühlten. Wir veranstalteten Wettbewerbe, wer beim Servieren des Schnapses für die Stammgäste am wenigsten verschüttete. Und wir nahmen kleine Arbeitsaufträge in der Fleischerei an, etwa Botendienste zwischen Gasthaus und Schlachthalle. Trotz dieser Freiheit habe ich mich geborgen und sicher gefühlt, weil es in und um unser Haus Menschen gab, die auf mich achtgaben und mich liebten. Unsere Großmutter, Tante Rosi und Tante Herta sorgten sich um uns. Herta ist die Schwester meiner Mutter. Sie hatte eine Wohnung im Obergeschoß und verwickelte uns ständig in Diskussionen über Frauenrechte. Einmal schenkte sie mir Sticker mit der Aufschrift »Frauenpower macht Männer sauer«, die ich später auf die Verkaufsvitrinen in der Fleischerei klebte – Mitte der 1980er-Jahre empörten sich die Kunden noch über solche Sprüche. Ich habe all diese Orte geliebt, und all diese Menschen. Sogar für die Metzgergesellen habe ich gewisse Sympathien gehegt, weil ich fasziniert davon war, wie sie es schafften, zwei dicke Wurstsemmeln zu verschlingen, während ich an einem halben Marmeladenbrot knabberte. Ich glaube, es lag nicht unmittelbar an dem Ort, an dem ich aufwuchs. Vielmehr machten mich die Gefühle glücklich, die dieser Ort erzeugte: Zu Hause ist ein Gefühl.

* * *

»Ich möchte umziehen«, sage ich zu Clemens, als wir an einem Sonntagnachmittag auf der Sophienalpe im Wienerwald spazieren gehen. Er sieht mich überrascht an. Die Überlegungen der vergangenen Wochen haben so weit geführt, dass ich mir nicht mehr vorstellen kann, dass unser Baby, Clemens und ich in unserer Altbauwohnung gut leben werden. Mit meinem Bauch ist auch mein Wunsch nach einem neuen Zuhause gewachsen. Mir ist klar geworden, was ich mir für unsere Zukunft wünsche: Ich möchte, dass mein Kind Platz zum Aufwachsen, zum Ausprobieren und Kräftemessen hat. Ich sehne mich danach, dass wir als Familie mehr Beziehungen zu unserer nahen Umgebung haben. Ich will nicht einsam sein und stelle mir vor, dass unser Leben mit netten Nachbarn unkomplizierter wird. Und ich träume von einem Garten, wo wir den Wechsel der Jahreszeiten spüren und Gemüse anbauen. In diesem Moment versinkt mein Fuß im matschigen Frühlingsboden. »Schlamm und Erde, auch das braucht der Mensch«, sage ich. Clemens grinst.

Ich weiß, dass Clemens der Gedanke gefällt, im Grünen zu wohnen. Für ihn ist das Leben in der Stadt eine einzige Überwindung. Ginge es nach ihm, würde er in einer Jurte mitten im Wald hausen. Wenn er länger keine Bäume und Wiesen um sich hat, hat er schlechte Laune und schimpft ununterbrochen, er müsse sich »endlich wieder erden«. Clemens nimmt seinen Kalender aus der Tasche: »Dreißig Wochen, also circa sieben Monate, haben wir noch bis zum Geburtstermin. Wenn wir einen Monat vor der Geburt eine neue Wohnung

haben wollen, bleiben uns sechs Monate. Das geht sich nie aus!«
»Doch, ganz bestimmt«, antworte ich. Eine Weile geht er schweigend neben mir. »Okay, lass es uns versuchen«, sagt er schließlich und gibt mir einen Kuss. Unser Vorhaben ist besiegelt: Wir machen uns auf die Suche nach einer neuen Wohnung – einem richtigen Zuhause für uns und unser Kind.

Wir fangen dort an, wo wir vermuten, dass sich unser Wunsch nach Natur, Freiraum und Nachbarschaft erfüllt: am Land. Genauer gesagt in Clemens' Heimatort Windhaag im oberösterreichischen Mühlviertel. Obwohl der Ort nur 1500 Einwohner hat, konnten sich hier eine Metzgerei, ein kleiner Lebensmittelladen und die Volksschule halten. Es gibt eine Musikkapelle, die Freiwillige Feuerwehr und zwei Dutzend andere Vereine. Windhaag ist bei jungen Familien sehr beliebt geworden, weil die nächste größere Stadt – Linz – nur vierzig Kilometer entfernt liegt und die Grundstückspreise vergleichsweise günstig sind. Wenn wir nach Windhaag kommen, ist unser erster Weg jener hinauf zu unserem Lieblingsplatz »Vogeltenn«, was so viel wie »Tränke der Vögel« heißt. Es ist ein großer Südhang gleich hinterm Haus von Clemens' Eltern, wo dahinter der Wald beginnt. Von hier haben wir einen spektakulären Blick auf die Alpen. Wir setzen uns auf die Bank vor der kleinen Kapelle. Der Wind streicht durch die knospenden Bäume, und unter dem braunen Laub schimmern Frühlingsblumen. Die nördlichen Bergketten breiten sich vor unseren Füßen aus – wir haben das Gefühl, zwischen Himmel und Erde zu schweben. »Es ist so schön hier«, sagt Clemens. »Am liebsten würde ich hier wohnen, in einem Haus zwischen Bergkulisse und Wald.« Ich stimme ihm zu. Was braucht man mehr zum Leben?

Für gut 75 Prozent der Österreicher (und siebzig Prozent aller Deutschen) ist die Traumimmobilie ein eigenes Haus mit Garten. Ein solches Haus scheint große Versprechen einlösen zu können: Freiraum, Grün, Ruhe und Gestaltungsmöglichkeiten. Und weil Einfamilienhäuser im städtischen Raum unerschwinglich sind, hat so etwas wie ein langsames und leises »Comeback des Dorfes« eingesetzt, wie es das *Zukunftsinstitut*, das sich mit Trend- und Zukunftsforschung beschäftigt, 2015 in einer Studie formuliert hat. Laut dem Deutschen Institut für Wirtschaftsforschung zogen 2014 zum ersten Mal seit zwanzig Jahren mehr Deutsche aus Hamburg, Berlin und den fünf anderen größten Städten weg, als neu hinzukamen. In Österreich wünschten sich 2015 gut 53 Prozent der Bevölkerung, am Land zu leben. 2014 waren es 45 Prozent, fand das Maklerunternehmen sReal in einer Umfrage heraus. Diese Entwicklungen sind erstaunlich, sind sie doch so etwas wie der Anti-Trend zum Megatrend Urbanisierung. Dabei hatte das Dorf immer etwas Ambivalentes: Einerseits verspricht es Heimeligkeit und Behaglichkeit. Die Dorfbewohner kennen sich – niemand muss sich erklären. Beim Einkaufen wird man gefragt: »Wie geht's dir?«, und an der Schank heißt es: »Denselben Kaffee wie immer?« Beziehungen sind verbindlicher – wie ein Gelöbnis, sich um den anderen zu kümmern. Und es existiert ein feines Netz an Hilfen; man gibt und nimmt. Andererseits schlägt diese Heimeligkeit schnell in Enge, Eintönigkeit, Neid und soziale Kontrolle um: Setzt man den Fuß aus dem Laden, wird drinnen schon getuschelt und getratscht. Aus dieser Muffigkeit flüchtete man gerne in die Anonymität der Großstadt. Die Stadt galt lange als Kontrapunkt zum Dorf – weltoffen, modern, intellektuell und divers. Seit dem Mittelalter gibt es den Spruch »Stadtluft macht frei«, und schon Marx und Engels beklagten die »Idiotie des Landlebens«. Diese Trennlinie scheint heute aufgelöst: Urbane Qualitäten finden sich genauso am Land, und dank Internet lässt sich der Anschluss zur Welt in jede noch so abgelegene Hütte holen. Das Land konnte auf diese Weise zu einem neuen Sehnsuchtsort werden, wo sich die Vorteile beider Sphären scheinbar verbinden lassen.

Bei unserem Besuch am Vogeltenn ist diesmal etwas anders. Es dauert eine Weile, bis wir merken, was es ist: Die Bauparzellen für Einfamilienhäuser am Nachbarhang rücken seit ein paar Jahren immer näher an unseren Lieblingsplatz heran. Zum ersten Mal sehen wir von unserer Bank aus direkt auf solch eine frische Parzelle. Ein Volksschulkamerad von Clemens hat das Grundstück kürzlich gekauft und wird hier bald seinen Haustraum verwirklichen. Die Parzelle ist mit Schnüren abgesteckt, der Bagger für den Aushub bereitgestellt. In den nächsten Jahren wird der ganze Hügel voll sein mit Einfamilienhäusern. Dann reiht sich ein Haus an das andere – alle mit Garage und Trampolin für die Kinder im Garten. Die Gemeinde wird neue Straßen gebaut und die Erde für neue Rohre umgegraben haben. Unser Vogeltenn wird nicht mehr das sein, was er immer für uns war. Diese Zukunftsaussicht bedrückt uns. Wäre es weniger schlimm, wenn wir selbst es wären, die hier ein Haus bauen?

Heute erscheint es als Grundbedürfnis jedes Menschen, ein Haus zu besitzen. Dabei existierten Einfamilienhäuser bis zur Mitte des zwanzigsten Jahrhunderts praktisch nicht. Bürgermeister und Gemeinderäte kommen dem modernen Wunsch gerne nach und widmen Flächen großzügig in Bauland um. Das Landleben hat noch dazu das Image, besonders naturfreundlich zu sein: Jeder hat einen Garten, und zum nächsten Bauernhof ist es nicht weit.

Tatsächlich werden jedoch die ökologischen Kosten ignoriert: In Österreich fressen neue Siedlungen und Verkehrsflächen pro Tag rund 22 Hektar Land – das entspricht einer Fläche von mehr als dreißig Fußballfeldern. In Deutschland sind es 77 Hektar pro Tag. Zwanzig Prozent dieser Fläche werden versiegelt, was bedeutet, dass der Boden durch Beton und Asphalt oder durch die Bebauung mit Gebäuden luft- und wasserdicht abgedeckt wird. Das hat direkte Auswirkungen auf den Wasserhaushalt: Regenwasser kann weniger gut versickern, und bei starken Regenfällen kommt es schneller zu Überschwemmungen. Dadurch werden die landwirtschaftlichen Flächen zur Produktion von Gemüse und Getreide weniger. Kürzlich machte sogar die Interessenvertretung *AgrarMarkt Austria* in einer Kampagne auf dieses Phänomen aufmerksam. »Wenn Österreich weiter so zubetoniert wird, gibt es keine heimischen Lebensmittel mehr. Jeden Tag wird ein Bauernhof zubetoniert«, war da zu lesen. Ginge die Entwicklung in diesem Tempo weiter, wäre Österreich in zweihundert Jahren komplett verbaut. Dazu kommen die Mehrkosten für Infrastruktur und Energie, die frei stehende Gebäude abseits dicht verbauter Räume benötigen. Und was uns besonders nachdenklich stimmt: Am Land ist das Hauptfortbewegungsmittel das Auto. Hier holt man das Biogemüse mit dem SUV aus dem Supermarkt. Die täglich zurückgelegten Autokilometer sind durch nichts aufzuwiegen – auch nicht durch eine ökologische Bauweise des Eigenheims.

Clemens und ich sitzen diesmal länger als sonst auf der Bank am Vogeltenn. Wäre hier, in einem Einfamilienhaus am Land, das Leben möglich, von dem wir träumen?

Einen Teil der Antwort gibt Tarek Leitner. Der bekannte österreichische Nachrichtenmoderator schreibt in seinem Buch »Wo leben wir denn? Glückliche Orte. Und warum wir sie erschaffen sollten«, dass das Landleben nicht etwa die Vorteile von Stadt und Land vereint, sondern – ganz im Gegenteil – von beidem nur die Nachteile birgt. Er spricht von einer Illusion, die Städter vom Landleben hätten. Das Leben im Grünen sei ein glatter Selbstbetrug. Schon alleine das Pendeln zur Arbeitsstelle dauert mehrere Stunden pro Woche – Zeit, von der man fälschlicherweise annahm, sie im Liegestuhl im Garten zu verbringen. Auch der erhoffte Freiraum bleibt aus: In manchen Orten besteht der Dorfplatz aus nicht mehr als einem Kreisverkehr. Und ebenfalls skeptisch ist Leitner, ob zwischen den mit grünen Hecken dicht eingezäunten Einfamilienhäusern wirklich ein soziales Leben stattfindet.

Den zweiten Teil der Antwort geben wir uns selbst. Ein Gedanke lässt uns nämlich nicht mehr los: Ja, es wäre wundervoll, an diesem magischen Ort am Vogeltenn zu wohnen. Doch gleichzeitig wäre es sehr paradox: Wir kaufen unser Biogemüse beim Bauern am Markt, fahren viel mit dem Rad und versuchen uns in einer nachhaltigen Lebensweise. Und dann würden wir mitten ins Grüne ein Einfamilienhaus klotzen und unseren geliebten Vogeltenn damit zerstören? Das passt nicht zusammen.

Doch was ist überhaupt eine »nachhaltige« Wohnform? Gibt es so etwas wie nachhaltiges Wohnen? Allgemein bekannt ist, dass in Industrienationen Gebäude rund ein Drittel der CO_2-Emissionen ausstoßen. Sie benötigen nicht nur während der Betriebsphase Energie für Heizung, Warmwasseraufbereitung und etwaige Klimaanlagen, sondern bereits in der Bauphase werden in großem Umfang fossile Brennstoffe verbraucht.

Um zu messen, wie nachhaltig Häuser sind, wird in der Immobilienwirtschaft häufig der Kriterienkatalog der Deutschen Gesellschaft für Nachhaltiges Bauen (DGNB) angewendet. In die Beurteilung fließen mehr als vierzig unterschiedlich gewichtete Aspekte ein, etwa: wie viele Emissionen ein Gebäude in der Herstellung, im Betrieb und bei einem Rückbau ausstößt; wie viele Ressourcen während des gesamten Lebenszyklus verbraucht werden; welche Baustoffe verwendet und mit welchen Chemikalien und Lösemitteln sie verarbeitet wurden; wie gut die technischen Qualitäten des Gebäudes sind, zum Beispiel Schallschutz, Dämmung und Recyclingfreundlichkeit. In der

Bewertung ist auch relevant, wie die Planung des Gebäudes abgelaufen ist und ob die künftigen Nutzer miteinbezogen wurden. Außerdem wird beurteilt, welche öffentlichen Mobilitätsangebote rund um das Gebäude vorhanden sind und wie flexibel ein Haus genutzt werden kann – beispielsweise ob ein Wohnhaus leicht in ein Büro umzubauen wäre. Und natürlich, wie viel und welche Fläche für das Gebäude beansprucht wird: Ein saniertes Industriegebiet beispielsweise ist für die Bewertung am besten, ein Neubau auf der grünen Wiese am schlechtesten. Die DGNB zertifiziert im Auftrag von Hauseigentümern oder öffentlichen Einrichtungen Gebäude und vergibt Gütesiegel dafür.

Insgesamt ist der Begriff »nachhaltiges Wohnen« schwer festzumachen – genau wie »Nachhaltigkeit« selbst. Im engeren Sinn bezieht er sich auf eine ökologische Bauweise, also auf alles, was die Infrastruktur des Wohnens schafft. Der Begriff lässt sich aber auch wesentlich weiter fassen: Im und um den Wohnraum findet eine ganze Reihe an Alltagsaktivitäten statt, die nachhaltigkeitsbezogen höchst relevant sind – Ernährung, Mülltrennung, Energiekonsum, Kinderbetreuung, Mobilität und auch nachbarschaftliche Kontakte fallen darunter. Wie und wo wir wohnen, beeinflusst daher diese Alltagsaktivitäten. »Ein umfassendes Verständnis von nachhaltigem Wohnen hat daher etwas mit allgemeiner nachhaltiger Alltagsgestaltung und Konsumverhalten zu tun«, sagt Michaela Leitner vom Österreichischen Institut für Nachhaltige Entwicklung.

* * *

Zurück nach Wien. Es wäre doch gelacht, wenn wir in der österreichischen Hauptstadt keine schöne, helle Wohnung – oder sogar ein kleines Häuschen – mit Garten oder Balkon und netten Nachbarn finden. Und zumindest im Ansatz nachhaltig wohnen könnten! Ein Blick in den Kalender: Fünf Monate haben wir noch Zeit, bis unser Baby auf die Welt kommt.

Ich registriere mich bei sämtlichen Immobilienportalen im Internet, richte eine Suchmaske mit unseren Präferenzen ein und überprüfe täglich die mir vorgeschlagenen Objekte. Zunächst durchforste ich alle Angebote, die zum Kauf stehen. Bei diesen »Hammer Zinsen«, wie der derzeit niedrige Zinssatz beworben wird, wären wir ja dumm, nicht zu kaufen. Zwischen ein und zwei Prozent verlangen Kreditinstitute momentan für ein Wohnungsdarlehen – fast geschenkt! Warum dem Vermieter Monat für Monat Geld in den Rachen stopfen, wenn man um die gleiche Summe in ein paar Jahren stolzer Immobilienbesitzer sein kann? Es erscheint uns nur logisch, unser kleines Polster an Erspartem in eine Wohnung zu investieren, die wir irgendwann unseren Kindern vererben können.

Doch schon nach ein paar Tagen begreife ich, dass ein Kauf unmöglich und in unserer Situation schlichtweg unsinnig ist. Argument Nummer eins: Eigentum bindet auf Jahrzehnte. Unsere Wohnbedürfnisse aber ändern sich laufend.»Der flexible Mensch«, wie der in London und New York lehrende Soziologe Richard Sennett unsere Generation charakterisiert, ist auch beim Wohnen veränderlich: Wir arbeiten flexibler (mehr Jobwechsel, immer öfter Homeoffice), unsere Beziehungen sind flexibler (mehr Scheidungen, Patchwork-Familien, viele Singles), und wir werden flexibel älter (Senioren-WGs, neue Pflegekonzepte). Und dann sollen wir uns zwanzig Jahre und mehr – denn so lange laufen die meisten Immobilienkredite – auf eine bestimmte Wohnung oder ein Haus festlegen? Und wenn wir die Immobilie endlich abbezahlt haben, sind die Kinder schon aus dem Haus – und die Wohnung ist erst recht zu groß.

Argument Nummer zwei: die absurd hohen Preise. Immobilien gelten seit der globalen Finanzkrise als eine der wenigen sicheren Anlageformen mit stabilen Renditen. Das – zusammen mit den niedrigen Zinsen – heizte die Nachfrage an. In Wien und anderen europäischen Großstädten stiegen die Immobilienpreise in den vergangenen Jahren um teilweise mehr als fünfzig Prozent. Der durchschnittliche Kaufpreis lag in Wien laut *ImmobilienScout24* im Jahr 2016 bei rund 4000 Euro pro Quadratmeter – die Innenstadt mit ihren Luxusapartments ist in dieser Berechnung sogar ausgenommen. Politiker und andere Beobachter warnen bereits vor einer Überhitzung des Marktes. Auch wenn wir es also schaffen könnten, unser Traumhaus irgendwie zu finanzieren: Wir würden die nächsten Jahrzehnte hart dafür arbeiten müssen. Ein Jobverlust, der angesichts der Umwälzungen in vielen Branchen gar nicht so abwegig ist, oder eine Auszeit wären eine finanzielle Katastrophe. Unsere Wohnung wäre nicht unser Zuhause, sondern wir wären der Knecht unseres Heims.

Dann doch lieber Miete. Ich ändere die Suchmaske im Internet, und los geht's. In den nächsten beiden Monaten besichtigen Clemens und ich: eine Altbauwohnung gegenüber unserem Lieblingspark, dem Augarten; eine Altbauwohnung nicht weit vom Grünen Prater; eine Wohnung aus den 1960er-Jahren am Rande des Wienerwalds; ein Häuschen mit kleinem Garten am Wilhelminenberg; eine Dachgeschoßwohnung mit Terrasse beim Augarten; eine Wohnung in einem alten Kloster mit großem, begrüntem Innenhof; eine Altbauwohnung am Karmelitermarkt; eine Genossenschaftswohnung mit zwei kleinen Balkonen; eine Gartenwohnung im Nobelbezirk Döbling. Unterm Strich sind das neun Immobilien – macht neun Mal Termin vereinbaren, neun Mal hinfahren und alles durchüberlegen, sich hineinfühlen: Passt die Lage? Ist die Wohnung groß genug? Ist die Zimmeranzahl okay? Können wir uns die Miete leisten? Was müssten wir renovieren? Welche Leute wohnen im Haus? Kommt Sonne zum Fenster herein? Wie laut hören wir den Verkehr?

All die Objekte, die ich mir nur am Papier und auf Fotos angesehen habe oder die bei der Kontaktaufnahme mit dem Makler schon vergeben waren, sind da noch gar nicht mitgezählt. Die Wohnungssuche gleicht einem Nebenjob – einem ziemlich erfolglosen Nebenjob. Denn immer passt irgendetwas nicht. Nur eine einzige Wohnung hätte uns wirklich gefallen, und die haben wir nicht bekommen: Die Eigentümerin meinte mit Blick auf meinen Babybauch, dass es im Haus sehr ruhig zugehe ...

Nach den ersten Besichtigungen bin ich auch erstaunt, wie hoch die Mieten sind. Eigentlich gilt Wien als Paradies für Mieter, weil der soziale Wohnbau im »Roten Wien« seit hundert Jahren hochgehalten wird. Internationale Delegationen von Wohnbaugesellschaften, Stadtverwaltungen und Architekten pilgern in Scharen hierher, um das »Wiener Modell« zu studieren. Mehr als 650 Millionen Euro an Wohnbauförderungen schüttet der Wohnbaustadtrat jährlich aus. Und die Stadt dominiert den Wohnungsmarkt: Rund 45 Prozent der Mietobjekte sind geförderte Wohnungen oder Gemeindewohnungen. Die Kommune hat hier – im Gegensatz zu vielen deutschen Metropolen – auf einen Ausverkauf ihrer Wohnungsbestände verzichtet, und sie ist heute mit rund 220 000 Wohnungen einer der größten Immobilienbesitzer Europas.

Trotzdem steigen in Wien die Mieten, vor allem bei frei finanzierten Wohnungen, weil Wien so schnell wie keine andere Stadt in Europa wächst und die Nachfrage hoch ist: Bis 2030 wird die Einwohnerzahl von derzeit 1,8 Millionen Menschen auf mehr als zwei Millionen zulegen. Experten rechnen vor, dass dabei mehr als 10000 Wohnungen pro Jahr im ganzen Land fehlen. In Deutschland müssten pro Jahr rund 150000 Wohnungen mehr gebaut werden, um die Wohnungsknappheit in den Griff zu bekommen. Und überall steigen die Mieten, weil Immobilienbesitzer die hohen Kaufpreise ihrer erworbenen Objekte irgendwie wieder hereinwirtschaften müssen. Laut einer aktuellen Studie der Deutschen Bundesbank haben die Wohnungsmieten zwischen 2010 und 2014 in den sieben wichtigsten Städten um fast 25 Prozent zugelegt – trotz Mietpreisbremse.

Clemens hat bei solchen Tätigkeiten wie Wohnungssuche keinen besonders langen Atem. Ihn nerven die Makler; von Termin zu Termin wird er gereizter, und schließlich, bei der Besichtigung eines kleinen Häuschens mit Garten im westlichen Wiener Bezirk Penzing, platzt ihm der Kragen. Die Eigentümerin, von Beruf Schamanin, will ihr geerbtes Haus wegen eines längeren Südamerika-Aufenthalts für mehrere Jahre vermieten. Der Mietzins für rund neunzig Quadratmeter Wohnfläche liegt gerade noch in unserem Budgetrahmen. Der Garten ist verwildert – die Schamanin meint, er sei »natürlich«. Innen ist es zwar eng, aber gemütlich. Der erste Stock ist nur mit einer kleinen Leiter zu erreichen – mühsam, aber es passt zum kuscheligen Häuschen.

»Die Möbel möchte ich hierlassen«, sagt die Schamanin. Wir nicken. »Ist das eine Couch?«, frage ich und zeige auf ein Möbelstück, das mit einer großen weißen Decke verhüllt ist. Sie bejaht. »Ich habe vor Kurzem unabsichtlich einen größeren Menstruationsfleck auf das Sofa gemacht, das müsstet ihr dann einfach reinigen.«

Zwei Minuten später sind wir weg. »Die hat wohl einen Knall!«, echauffiert sich Clemens. »Tausend Euro Miete für Möbel mit Menstruationsflecken? Ich lass' mich doch nicht verarschen!« »Das Haus war doch ganz nett«, versuche ich einzuwenden. Doch er hat genug: »Die Leute glauben, sie könnten jeden Dreck zu hohen Preisen vermieten. Nicht mit mir! Mir ist das Umziehen vergangen – ich bleibe in unserer Altbauwohnung.«

2. Ab ins Kollektiv

»*Cooperation beherrscht alle Welt.*
Die Gemeinschaft beherrscht das Einzelwesen.«

HANNES MEYER, SCHWEIZER ARCHITEKT (1889–1954)

In der Nacht nagen die Gedanken über unsere Wohnungssuche an mir. Ich werde aus dem Schlaf gerissen, und es schießt mir durch den Kopf: Wie wird es bloß mit uns weitergehen? In vier Monaten kommt unser Sohn zur Welt, und wir haben noch nichts Passendes gefunden. Mit meinem dicken Bauch rolle ich mich dann von einer Seite zur anderen. Die Anfangseuphorie hat in Ernüchterung umgeschlagen. Ich habe es mir wesentlich einfacher vorgestellt, bis zum Geburtstermin eine neue Wohnung zu finden. Davon sind wir immer noch meilenweit entfernt. Dabei sind unsere Ansprüche ja nicht einmal besonders hoch: Eine halbwegs angenehme Wohnung, Freiraum, Grün, nette Nachbarn und eine bezahlbare Miete sind doch kein Luxus, sondern die Voraussetzung, um gut leben zu können. Ich habe mir so sehr gewünscht, dass unser Baby in einem schönen neuen Zuhause ankommt. Müssen wir uns mit dem Gedanken anfreunden, in unserer Altbauwohnung zu bleiben?

Clemens jedenfalls weigert sich, die Suche auf diese Weise fortzusetzen. Er ist zum Schluss gekommen, dass wir auf normalem Weg keine Wohnung finden werden. Deshalb liegt er mir jetzt ständig in den Ohren, ich solle doch meine Informanten aus der Immobilienbranche bitten, uns zu helfen. Bisher habe ich das abgelehnt. Seriöse Journalisten dürfen das nicht, weil sie unabhängig bleiben müssen. Muss ich wirklich korrupt werden, um ein neues Dach über dem Kopf zu finden?

Ausgerechnet als ich für zwei Tage raus aus Wien, raus aus meiner Wohnungsmisere fahre, eröffnet sich eine neue Perspektive: Mein Chefredakteur schickt mich auf eine zweitägige Dienstreise nach München. Dort findet die *Expo Real* statt, die größte Fachmesse für Immobilien und Investitionen in Europa. In den meterhohen gläsernen Hallen der Messe München präsentieren Immobilienentwickler aus der ganzen Welt ihre Projekte. Ich schiebe mich mit Tausenden anderen Besuchern durch die schmalen Gänge, von einer Ausstellungskoje zur nächsten. Die Luft ist stickig, es wird gestoßen und gedrängelt. Da winkt mich der Vorstand eines österreichischen Immobilienkonzerns zu sich an den Messestand. Ob ich ein Glas Sekt mit ihm trinken wolle? Ich lehne dankend ab. »Gibt es etwas zu

feiern?«, frage ich. »Das Gute an der Finanzkrise ist, dass jeder in den Immobilienmarkt investieren will«, sagt er und nimmt einen Schluck. »Viele Anleger haben sich mit Aktien, Fonds und anderen Finanzprodukten die Finger verbrannt. Die Investoren reißen uns die Objekte regelrecht aus den Händen.«
Wie leicht es doch wäre, den Mann jetzt um Unterstützung für meine Wohnungssuche zu bitten! Sein Unternehmen besitzt Hunderte Wohnungen in Wien. Er klappt eine Mappe auf und zeigt mir eine schön designte Grafik zu den steigenden Wohnungspreisen. Genau hier könnte ich gut einhaken: Hohe Mieten, schwanger – ein Satz, und wir hätten möglicherweise eine neue Bleibe.

Für mein Gegenüber sind steigende Immobilienpreise ein Grund zum Jubeln: Hohe Mieten – das bedeutet mehr Rendite. Je länger ich mich auf der Messe mit Maklern, Vorständen und Investoren unterhalte, desto klarer wird mir, wie stark sich alles nur um diese Logik dreht. Das Bedürfnis von Menschen nach einem bezahlbaren Zuhause, nach Nachbarschaft und Nachhaltigkeit hat in dieser Denke keinen Platz. Ganz einfach deshalb, weil es sich nicht rechnet.

Erschreckend ist, dass laut der amerikanischen Soziologin Saskia Sassen der globale Immobilienmarkt nach der Lehman-Pleite 2008 in eine neue Phase eingetreten ist: Jene, die vorrangig die Rendite im Auge haben – etwa Immobilienkonzerne und Fonds –, gewinnen immer mehr Macht am Immobilienmarkt. Die Akquisitionen von kommerziellen Investoren sind in den hundert wichtigsten Städten der Welt in einem nie da gewesenen Ausmaß angestiegen. Und die Kommunen feuern diese Tendenz auch noch an: Es wird bei Förderungen für Wohnraum gespart, es mangelt an ambitionierter Raumplanung, und Wohnungsbestände werden privatisiert – und damit der Willkür des Markts überlassen.

Am Abend schreibe ich dem Chefredakteur eine kurze SMS über den Stand meiner Recherchen: »Stimmung gut, Investitionen und Preise steigen.« Mein persönliches Fazit des ersten Messetags sieht anders aus: Seriös geblieben, Zuversicht im Keller.

In dieser Stimmung beginne ich den zweiten Messetag. Jenen Tag, an dem ich den Türöffner zu meiner Traumwohnung kennenlerne. Und es ist nicht einer der mächtigen Immobilienbosse der *Expo Real*, sondern eine feine ältere Dame.

Ich bin bereits am Vormittag mit meinen Recherchen fertig. Eine Kollegin hat ihre Arbeit ebenfalls schon beendet. Sie fragt mich, ob ich mitkommen wolle, um ihre Freundin Gundel zu besuchen. Gundel ist eine pensionierte Kunsthistorikerin und lebt am Ackermannbogen, einem Neubaugebiet nicht weit vom Zentrum Münchens. Eine Stunde später trinken meine Kollegin und ich mit Gundel Tee auf der Terrasse des *Rigoletto*, einem kleinen Café zwischen mehreren Wohnhäusern. Überall auf den Balkonen blühen Pflanzen, und ein paar Kinder spielen Fußball auf einer Wiese mit zwei alten Linden. Ich schließe für einen Moment die Augen und strecke meinen Babybauch der Sonne entgegen. Vogelgezwitscher und nach Laub riechende Luft mitten in München. Ich bemerke, wie sich vorbeigehende Bewohner grüßen und ein paar Worte miteinander wechseln. Eine Nachbarin erkundigt sich bei Gundel, ob sie zum Fest am Sonntag komme. Ja, sie würde in der Nachbarschaftszeitung darüber berichten, antwortet sie. Später zeigt uns Gundel eine der Gemeinschaftsterrassen.

Von hier oben überblicken wir die Umgebung. »Gleich da unten ist unser Garten«, sagt Gundel und zeigt auf lange Gemüsebeete, zwischen denen es eine Feuerstelle und zwei Schaukeln gibt. »Die Kräuter wuchern richtig. Ich hole mir oft Salbei, den liebe ich.« Ein paar Kinder huschen in eine der Wohnungen neben der Terrasse, um kurz danach wieder herauszustürmen und hinter einem anderen Eingang zu verschwinden. Gundel deutet auf ein Nachbarhaus, das zur Wohnanlage gehört: »Im Tiefgeschoß liegt unsere Kreativgarage. Die haben wir so benannt, weil wir nach dem Einzug bemerkt haben, dass fast niemand ein Auto hat. Und so haben wir die Garage zu einer Werkstatt, einem Veranstaltungsraum und einer Sauna umgebaut.«

»Die Atmosphäre ist so anders hier. Das ist doch kein normales Haus, oder?«, bemerke ich neugierig. Gundel lacht – diese Frage hat sie schon öfter gehört: »Wir sind ein gemeinschaftliches Wohnprojekt.« Ich schaue meine Kollegin an. Die zuckt mit den Achseln. »Obwohl in unseren Häusern zweihundert Menschen leben«, sagt Gundel, »fühlt es sich nicht nach anonymer Großstadt an.« Sie klärt uns auf, dass die Wohnanlage *wagnis 1* heißt und zur Genossenschaft *Wagnis* gehört. Die Bewohner haben das Haus zusammen geplant und gebaut. Nun verwalten sie es gemeinsam.

Ja! Genau so will ich wohnen! Von einem Ort wie der *wagnis*-Anlage habe ich immer geträumt. Als ich mir mein zukünftiges Zuhause in meiner Fantasie ausgemalt habe, war es ein Platz wie dieser. Ohne zu wissen, dass es so etwas tatsächlich gibt. Mit Dachterrasse, Werkstatt, netten Nachbarn und herumtollenden Kindern. Mit Grillpartys und Picknicks für alle. Mit Salbei und Gemüse aus dem Gemeinschaftsgarten! Und das alles zu einem erschwinglichen Preis. Warum bin ich nicht früher darauf gekommen?

»Wir beenden unsere Wohnungssuche«, begrüße ich Clemens, als er mich bei meiner Ankunft am Wiener Westbahnhof vom Bahnsteig abholt. »Wir bauen unser Haus einfach selbst!« Clemens runzelt die Stirn und tippt sich mit dem Zeigefinger darauf. Dann nimmt er mir den Koffer ab und sagt: »Ich glaube, du warst zu lange mit diesen abgehobenen Immobilienfuzzis zusammen.« »Schon mal was von Wohnprojekten gehört?«, frage ich ihn und beginne am Weg zur U-Bahn zu erzählen, was ich alles erlebt habe. Erst als wir schon fast zu Hause sind, bin ich mit meinen Schilderungen fertig. »Du hättest endlich einen Garten, könntest Holz hacken und in der Erde rumwühlen. Ein Wohnprojekt würde dir sicher gefallen«, sage ich. Clemens überlegt eine Weile. »Du willst selbst ein Haus für zweihundert Bewohner bauen?«, fragt er schließlich und stößt einen Lacher aus. »Das müsste sich bis zum Geburtstermin ja noch ausgehen!«

Das Kollektiv hat Konjunktur

Zurück in der Redaktion, mache ich zuerst die Geschichte über die *Expo Real* fertig und will dann alles über Wohnprojekte wissen. Ich klemme mich hinter den Computer und suche, welche Informationen es zu dem Thema gibt: In den Großstädten Europas entsteht derzeit eine neue Generation an gemeinschaftlichen Wohnprojekten. Ich finde unzählige Beispiele: Acht Münchner Familien kaufen ein historisches Schloss, um dort gemeinsam zu wohnen und ein gut gehendes Schlosshotel zu betreiben (*Schloss Blumenthal* in Bayern); mehrere Architekten initiieren den Bau von drei Häusern mit achthundert

Quadratmetern Gemeinschaftsflächen direkt am Ufer der Spree (*Spreefeld* in Berlin); in Wulfsdorf nahe Hamburg leben dreihundert Menschen in einem sozial-ökologischen Dorfprojekt (*Allmende Wulfsdorf*), und gleich daneben im Ort hat sich auf dem zweieinhalb Hektar großen Gelände einer ehemaligen Wildrosenzucht ein Wohnprojekt gebildet (*Wilde Rosen*); eine Gruppe erwirbt eine denkmalgeschützte Schule, baut die Klassenräume um und vergibt ein Drittel der Wohnungen an ältere, behinderte und pflegebedürftige Menschen (*Alte Schule Karlshorst* in Berlin).

Laut Schätzung der *Stiftung trias* gibt es in Deutschland mittlerweile an die 3000 Kollektivhäuser; mehrere Hundert Projekte befinden sich derzeit in Gründung. In den vergangenen 15 Jahren stieg die Zahl an gemeinschaftlichen Wohnprojekten sprunghaft an. Auch in der Schweiz finden sich Beispiele: In Zürich haben mit *mehr als wohnen* und *Kalkbreite* zwei Leuchtturmprojekte ihre Pforten geöffnet und die Genossenschaftsbewegung neu belebt. Bei *mehr als wohnen* taten sich dreißig Wohnbaugenossenschaften zusammen und errichteten auf dem Areal der ehemaligen Betonfabrik Hunziker 13 Häuser, in denen der Ressourcenverbrauch der insgesamt 1300 Bewohner von derzeit durchschnittlich 8000 Watt auf 2000 Watt pro Person gesenkt werden soll. Und auch in Österreich gibt es rund hundert Wohnprojekte: Zu größeren Projekten in Wien kommen unzählige kleinere Initiativen außerhalb der Hauptstadt.

Bei der nächsten Redaktionskonferenz schlage ich begeistert vor, eine Geschichte über Wohnprojekte zu machen. »Du meinst diese links-linken Wohnkommunen?«, fragt der Chefredakteur. So kann man das freilich nicht sagen: Der Begriff »Wohnprojekt« bezeichnet ein Gebäude oder eine Wohnanlage, die von einer Gruppe von Menschen in Eigenverantwortung gemeinsam geplant und realisiert wird. Diese Gruppe wird oft als »Baugruppe« bezeichnet, wobei der Begriff regional unterschiedlich verwendet wird: In Österreich und Norddeutschland wird der Terminus sehr allgemein für gemeinschaftliche Wohnvorhaben gebraucht. In Süddeutschland hingegen baut eine Baugruppe in der Regel im Eigentum, das heißt, die einzelnen Gruppenmitglieder sind selbst Bauherren ihrer Wohnungen. Im englischsprachigen Raum hat sich die Bezeichnung »Cohousing« durchgesetzt.

Oft verwaltet die Gruppe die Immobilie auch selbst. In fast allen derartigen Gebäuden hat jeder Haushalt eine eigene Wohnung und wirtschaftet mit seiner eigenen Kasse. Die Häuser der Baugemeinschaften stechen meist architektonisch aus dem Stadtbild hervor: Es sind lebendige Häuser, die über das reine Wohnen hinausgedacht sind. Es gibt Arbeits- und Gewerbeflächen, sowie öffentliche Anknüpfungspunkte wie Cafés. Das Besondere an Wohnprojekten ist, dass es zwischen dem Privaten der eigenen Wohnung und dem Öffentlichen draußen auf der Straße Zwischenräume gibt: die gemeinschaftlich genutzten Flächen, wo Begegnungen und Gemeinschaft stattfinden können. »Na gut«, sagt der Chefredakteur schließlich, »dann schreib eben über Wohnprojekte.«

Ganz grob gesprochen gibt es zwei Strömungen unter den Kollektivbauten – je nach Eigentumsform: Die eine Richtung sind Baugruppen, die in Eigenregie bauen, weil es günstiger ist. Es entstehen dann Häuser, in denen die Gruppenmitglieder Einzeleigentum in Form einer Wohnungseigentümergesellschaft begründen. In der Regel haben sie um rund zwanzig Prozent niedrigere Baukosten als kommerzielle Bauträger, sogar wenn viele Extras wie Gemeinschaftsgarten, Terrassen und hochwertige Ausstattung eingeplant sind. Denn die Gruppe erspart sich die Gewinnspanne für den Bauträger, die Vermarktungskosten und die Maklerprovision. Vor allem in deutschen Großstädten wie Berlin, Hamburg und München gibt es eine ganze Reihe solcher Projekte. »Die Baugruppe ist eine Möglichkeit für die Mittelschicht, bezahlbares Eigentum zu bilden«, sagt der Architekt Ulrich Schop von *roedig.schop architekten* in Berlin, der schon mehrere Baugruppenprojekte realisiert hat und selbst in einem wohnt – nämlich dem *Dennewitz Eins*. »Ein positiver Nebeneffekt ist, dass sich beim gemeinsamen Planen und Bauen die Menschen besser kennenlernen und es später regen Kontakt zwischen den Nachbarn gibt«, meint er.

Bei der zweiten Richtung der Wohnprojekte steht nicht das günstige Bauen im Vordergrund, sondern das gemeinsame Wohnen. Diese Projekte drücken den Gemeinschaftsgedanken meist auch organisatorisch aus: Sie sind als Gemeinschaftseigentum konzipiert – die Bewohner sind nur Mieter. In Österreich sind die meisten gemeinschaftlichen Wohnprojekte aus rechtlichen Gründen Vereine, in der

Schweiz und Deutschland mehrheitlich gemeinnützige Genossenschaften. Es gibt auch eine ganze Reihe an Dachgenossenschaften, die mehrere selbst verwaltete Wohnprojekte besitzen.

Auch hinsichtlich des Grades der Vergemeinschaftung der Bewohner gibt es eine große Bandbreite unter Wohnprojekten. Sie reicht von einer eher losen Hausgemeinschaft mit freiwilligem Engagement über organisatorisch gut strukturierte Gruppen bis hin zu spirituell-religiös motivierten Gemeinschaften, die alle Lebensbereiche ihrer Mitglieder umspannen und sie in der persönlichen Entwicklung voranbringen wollen. Doch woher kommt diese neue Lust am Gemeinsamen?

Es ist nicht lange her, dass permanent von der »Ich-AG« die Rede war. Auf der Karriereleiter schien kein Platz für Gemeinschaftssinn. Nun schlägt das Pendel in die andere Richtung: Es macht sich ein neues Wir-Gefühl breit: Kooperation statt Ellbogen, Gemeinwohl statt Egotrip. Allerorts blüht das Urban Gardening, werden Carsharing-Plattformen gegründet und gemeinschaftliche Strickcafés ins Leben gerufen. In London und Berlin gibt es wöchentliche »Sonntagsfeiern« – ganz ohne Gott und Kirche. Selbst in der Wirtschaft sprechen Unternehmensvorstände nun gerne von »collaborative leadership« und von »Unternehmensdemokratie«. Die technischen Innovationen der letzten Jahre haben uns offener gemacht zum Tauschen, Teilen und Zusammenarbeiten.

Soziologen meinen, dass die Menschen ohnehin zur Kooperation tendieren – vorausgesetzt, es gibt einen Nährboden und Rahmenbedingungen für ein Miteinander. Ansonsten kehren sie eine wettbewerbsorientierte Haltung, ihr »unkooperatives Ich«, hervor. Und weil immer mehr Menschen alleine leben – in Deutschland ist das jeder Fünfte, in Großstädten wie Berlin sogar jeder Dritte – und traditionelle Gemeinschaften wie Großfamilie, Kirche und Parteien zerfallen, suchen sie sich heute ihre eigenen, frei gewählten Wir-Konstellationen. Dazu passt, dass es einen Gründungsboom bei Vereinen, Stiftungen und gemeinnützigen Genossenschaften gibt: Allein zwischen 2001 und 2012 stieg deren Anzahl in Deutschland um mehr als 35 000. Sogar das Lifestyle-Magazin Neon, nicht gerade als Zentralorgan des Kommunenwesens bekannt, titelte 2015 auf einer Mode-Spezialausgabe: »Gründe deine Gruppe! Wie wir gemeinsam uns und die Welt verschönern«.

Auch die Nachbarschaft – jene scheinbar unnütz gewordene Zwangsgemeinschaft Tür an Tür – erfährt ein Revival. Laut dem deutschen Meinungsforschungsinstitut *IfD Allensbach* haben Menschen heute öfter mit ihren Nachbarn zu tun als noch vor ein paar Jahrzehnten. 1953 liehen nur 22 Prozent etwas von ihren Nachbarn aus, 2007 waren es schon 51 Prozent. Auch der Anteil derjenigen, die ihre Nachbarn manchmal einladen und mit ihnen feiern, stieg von 13 auf 43 Prozent. Im deutschsprachigen Raum ist eine ganze Reihe an Initiativen und Online-Plattformen wie *FragNebenan, nebenan.de* und *WirNachbarn* entstanden. *nebenan.de* ist eine Art Facebook für die direkte Umgebung. Seit es 2016 online ging, haben sich schon mehr als fünfhundert Nachbarschaften registriert. Je entwurzelter Menschen leben – je weniger Familie beispielsweise in der Nähe ist –, desto wichtiger werden die Nachbarn. »Eine gute Nachbarschaft gibt emotionalen Halt und Sicherheit. Das geschieht oft schon durch kleine Hilfen im Alltag«, sagt die Hannoveraner Städteforscherin Ruth Rohr-Zänker.

Das Bedürfnis nach Gemeinschaft überträgt sich auch auf das Wohnen: Es wird kollektiv gestaltet, gebaut und gewohnt. In der deutschfranzösischen Tragikomödie »Und wenn wir alle zusammenziehen?« beziehen fünf Pensionisten eine Villa statt ein Altersheim. Gemeinsam wollen sie die Anforderungen des Alters meistern, die alleine nicht zu schaffen wären. Der Film aus 2011 zeigt, dass Wohnformen wie Wohngemeinschaften längst kein Nischenthema für Studenten und Hippies mehr sind, sondern sich im Allgemeinbewusstsein breitgemacht haben. Diese Einschätzung untermauert auch eine Studie der Wiener Wohnbauforschung aus 2014. Der Bekanntheitsgrad von gemeinschaftlichem Wohnen ist in der Bevölkerung hoch: Rund zwei Drittel der Befragten kennen diese Wohnform, und 39 Prozent können sich vorstellen, in ein Wohnprojekt zu ziehen. Sie erhoffen sich vor allem gegenseitige Unterstützung im Alltag, weniger »Allein-Sein« und das Teilen von Räumen, Gegenständen und Fahrzeugen.

Auch in anderen Kulturkreisen werden die Möglichkeiten, die kollektive Wohnformen bieten, genutzt: Im Senegal etwa unterstützt die Regierung Ökodörfer wie das 7000 Einwohner zählende *Guédé Chantier* um Armut zu bekämpfen. Und in San Francisco entstanden in den vergangenen Jahren rund 50 »Tech-Kommunen«, wo Start-Up-Gründer – wie einst die Hippies – von einer besseren (digitalen) Welt träumen.

Vom Volkspalast zur Hausbesetzung

Die Idee des gemeinschaftlichen Wohnens ist natürlich nicht neu. Sie geht zurück bis ins 18. Jahrhundert. Die »Uridee« des Kollektivhauses hatte der französische Frühsozialist Charles Fourier. Er wurde 1772 als Sohn eines vermögenden Tuchhändlers geboren und galt als schrulliger Mitmensch. Seine Privatwohnung glich einem begehbaren Urwald, weil er sie mit Zimmerpflanzen vollstellte. Dort schrieb er an seinem Hauptwerk, dem »Phalanstère«. Darin konzipierte er das sogenannte Phalansterium: Dieser Volkspalast war eine Wohnanlage für 1620 Menschen auf dem Grundriss von Schloss Versailles. Im zentralen Flügel plante Fourier einen kollektiven Speisesaal, eine Bibliothek und einen Wintergarten – mit vielen Pflanzen, versteht sich. Erst dem Industriellen Jean-Baptiste André Godin gelang es ein paar Jahrzehnte später, ein vorzeigbares Phalansterium zu bauen: 1858 kaufte er ein 18 Hektar großes Grundstück neben seiner Ofen- und Herdfabrik und baute dort das *Familistère* von Guise in Nordfrankreich. Der Bau bestand aus drei Wohnhäusern, die sich jeweils auf einen großen, glasbedachten Innenhof hin orientierten, und er wurde als Sensation gefeiert. In jeder Etage gab es Wasser und einen Müllschlucker – eine Erfindung Godins. Außerdem gehörten eine kollektive Küche, ein Theater, ein Badehaus und eine Lebensmittelkooperative, die Essen günstig einkaufte, zum Angebot. Und eine Kinderkrippe, damit auch Frauen arbeiten konnten. Das Familistère provozierte freilich auch Kritik: Die französischen Liberalen bemängelten, dass Arbeiter nicht mehr »um ihren Erwerb kämpfen« müssten, die Eigeninitiative gelähmt würde und die Kinderkrippe die Arbeiterfrau um »ihre schönsten Erfahrungen als Mutter« bringe. Der Gebäudekomplex ist teilweise heute noch bewohnt.

Um 1900, als mit der einsetzenden Industrialisierung in Europa die Wohnungsnot immer größer wurde, schlossen sich Arbeiterfamilien – oft mit der Unterstützung von Gönnern – zu Baugenossenschaften zusammen, um sich in Eigenregie kostengünstigen Wohnraum zu schaffen. Eine der bekanntesten Genossenschaften, die es sogar heute noch gibt, ist die 1895 gegründete Berliner *Freie Scholle*. Sie wurde vom Baumeister Gustav Lilienthal, dem Bruder des Flugpioniers Otto Lilienthal, unterstützt. Er sah sich nicht als Kapitalist, sondern als Sozialreformer, und beteiligte sich auch an der »Vegetarischen Obstbau-Kolonie Eden«, die nahe Berlin ein alternatives Lebensmodell mit genossenschaftlichem Boden, eigener Obstvermarktung sowie Schul- und Kultureinrichtungen verwirklichte. Lilienthal war nicht allein: Um 1910 gab es in Deutschland bereits mehr als tausend Baugenossenschaften.

Etwa zur gleichen Zeit stellten Feministinnen wie die Deutsche Lily Braun Überlegungen an, wie sie Frauen »vom Kochherd und Waschfass« befreien könnten, um ihnen Zugang zum sozialen und politischen Leben zu ermöglichen. Grundlage für dieses Ziel sollten genossenschaftlich organisierte »Einküchenhäuser« sein. Braun entwarf 1901 ein Modell eines solchen Hauses: Anstelle von einzelnen Küchen sollte es eine Zentralküche im Erdgeschoß geben. Bezahltes Personal sollte dort vom Frühstück bis zum Abendessen alle Mahlzeiten zubereiten. Die Familien konnten sich die Speisen je nach Wunsch mit einem kleinen Lift von der Küche direkt in die Wohnung liefern lassen oder sie im gemeinschaftlichen Esszimmer mit anderen Bewohnern einnehmen. 1903 entstand in Kopenhagen das erste Einküchenhaus nach den Vorstellungen von Lily Braun. Ähnliche Projekte folgten in Stockholm, Berlin, Hamburg, Zürich, Prag, London und Wien. Der Gedanke, die Hausarbeit mit Gemeinschaftseinrichtungen zu kollektivieren, ist in den modernen Wohnprojekten bis heute erhalten geblieben.

Ab 1919 wurde das Konzept des Kollektivs auch in der avantgardistischen Bauhaus-Architekturbewegung aufgegriffen. Die Bauhäusler forderten eine Neuausrichtung des Zusammenlebens, das von wechselseitiger Hilfe und Vertrauen geprägt sein sollte. Das Wort »Kollektiv« tauchte im Sprachgebrauch des Bauhauses ab 1927 mit dem Eintreten des zweiten Direktors des Dessauer Bauhauses, Hannes Meyer, verstärkt auf. Sein Ziel, menschenwürdige Wohnungen mit gleichem Komfort für alle zu schaffen, manifestierte sich im Konzept der »Volkswohnung«.

Mit der Architekturströmung *Neues Bauen* (1910er- bis 1930er-Jahre), zu der das Bauhaus zählte, entstanden europaweit richtungsweisende Kollektivbauten – meist mit sehr unterschiedlichem ideologischen Hintergrund. In Hamburg-Altona etwa wurde 1930 das *Boardinghaus des Westens* errichtet, das ein luxuriöser Bau mit geteilten Serviceeinrichtungen, ähnlich einem Hotel, war. In Moskau wurde 1932 im Rahmen eines staatlich geförderten Experimentalbauprogramms das sechsgeschoßige *Narkomfin* für die Beamten des Finanzministeriums gebaut. Das Haus sollte die Gleichberechtigung und Kollektivität der Sowjetbürger fördern. Das Penthouse bewohnte der damalige sowjetische Finanzminister Nikolai Miljutin. In London entstand zur gleichen Zeit das *Isokon Building* des Architekten Wells Coates: Als Experiment kollektiven Lebens konzipiert, waren die Bewohner linksgerichtete Intellektuelle wie der Designer Marcel Breuer und die Schriftstellerin Agatha Christie. Und in Stockholm eröffnete 1935 das *Kollektivhuset*, eines der historisch berühmtesten Wohnprojekte Europas. Allerdings wurde es nach nur zehn Jahren wieder geschlossen, weil sich die Bewohner zerstritten. In Frankreich konzipierte der Architekt Le Corbusier Großwohneinheiten, die ein Gegenstück zum »sklavischen Individualismus« dieser Zeit sein sollten. Zum Ausdruck kamen seine Ideen in den von ihm entwickelten »vertikalen Städten«, den Wohnkomplexen *Unités d'Habitation*.

* * *

Bei meiner Recherche tut sich eine Welt auf, die für mich bislang weitgehend unbekannt war. In der österreichischen Provinz, wo ich aufgewachsen bin, hatte fast jeder ein Einfamilienhaus, einen Bauernhof oder eine Wohnung. Jeder, der nur einen Hauch davon abwich – es reichte schon, Birkenstock-Sandalen zu tragen und Vollkornbrot zu essen –, wurde als Spinner abgetan. Alles, was ich bisher über kollektives Wohnen wusste, kannte ich aus den Erzählungen einer Bekannten. Und ihre Geschichten waren so, dass ich keinen Moment daran gedacht hätte, je eine gemeinschaftliche Wohnform für mich anstreben zu wollen. Sie war auf verschiedenen Bauernhöfen der *Longo maï*-Kommune in Österreich und Frankreich aufgewachsen. Die Mitglieder der 1973 gegründeten Kooperative versorgten sich zum Großteil mit dem, was die eigene Landwirtschaft abwarf; die wenigsten Kommunarden arbeiteten außerhalb. Die erste Kindergeneration in der Kommune, zu der meine Bekannte zählte, wurde mit aller Härte im Sinne des Kommunismus und Antikapitalismus erzogen. Die *Longo maï*-Mitglieder wollten die Kleinfamilie überwinden, daher war Privatsphäre nicht vorgesehen: Kinder schliefen mit ihren Altersgenossen in Schlafsälen, und untertags wechselten sich die Eltern bei der Beaufsichtigung ab. Nicht einmal die Sanitäranlagen konnten versperrt werden, was für pubertierende Jugendliche katastrophal war. Alles wurde geteilt, und Kinder hatten zu parieren.»Und obwohl theoretisch alle gleich waren, gab es gewaltige Hierarchien in der Gruppe«, sagt meine Bekannte heute. Wer bitte schön will so leben?

Wenn von kollektiven Wohnformen die Rede ist, dann assoziieren viele Menschen klassische Kommunen damit. Tatsächlich erfuhren solche Formen des Zusammenlebens im Zuge der 68er-Bewegung eine rasche Verbreitung. Die Bekanntesten waren die *Kommune I* in Berlin, die 1967 in der leer stehenden Wohnung des Schriftstellers Hans Magnus Enzensberger gegründet wurde, und die *Otto-Muehl-Kommune* in Wien und im Burgenland. Der Aktionskünstler Otto Muehl versammelte an die sechshundert Menschen um sich. Im Rückblick war seine Kommune allerdings eine Katastrophe – Muehl wurde 1991 wegen Kindesmissbrauchs und Verstoßes gegen das Suchtgiftgesetz zu sieben Jahren Haft verurteilt. Generell hatten die Wohnkommunen zu dieser Zeit einen starken ideologischen Überbau: Bürgerliche Vorstellungen hinsichtlich Eigentum, Moral, Sexualität, Leistung und Konkurrenz wurden strikt abgelehnt.

Heute sind nur mehr acht Prozent der deutschen Wohnprojekte klassische Kommunen, so eine Studie des Leibniz-Instituts für Länderkunde aus 2011. Die Wenigen von ihnen, die noch existieren – auch die *Longo maï*-Kommune gibt es noch –, haben sich stark gewandelt. Moderne Wohnprojekte hingegen haben in der Regel keinen derart starken moralischen Anspruch wie damals. Wobei: Der alte Slogan der 68er-Generation »Save water, bath with a friend« würde sich möglicherweise in vielen Gemeinschaftshäusern verwirklichen lassen.

Die erste Weiterentwicklung der Kommunen fand in den Siebzigerjahren statt. Als die Expertengruppe Club of Rome die »Grenzen des Wachstums« aufzeigte, waren es vor allem ökologische Motive, die zur Gründung von alternativen Wohngemeinschaften führten. In ganz Europa entstanden Ökodörfer am Land, in denen die Bewohner eine umweltgerechte und ressourcenschonende Lebensweise umsetzen. Heute gibt es laut dem Gemeinschaftsverzeichnis *eurotopia* in Europa mehr als vierhundert Ökodörfer. Die Bekanntesten sind die

Findhorn Community in Nordschottland, *Sieben Linden* in der Altmark in Sachsen-Anhalt, die Gemeinschaft *Schloss Tempelhof* in Baden-Württemberg, das brandenburgische Zentrum für experimentelle Gesellschaftsgestaltung (*ZEGG*) und das Ökodorf *Sennrüti* bei St. Gallen in der Schweiz. In Österreich sind es das *Ökotopische Zentrum* in Maria Lanzendorf, die Cohousing-Siedlung *Der Lebensraum* in Gänserndorf und *Pomali* im Dunkelsteinerwald, alle drei in Niederösterreich gelegen. In *Sieben Linden* etwa leben hundert Erwachsene und 45 Kinder auf einem 81,5 Hektar großen Grundstück mit Häusern aus Holz, Lehm und Strohballen. Laufend wird das Dorf um neue Unterkünfte erweitert, sodass künftig rund 250 Menschen darin leben können. Viele Bewohner arbeiten in den verschiedenen Wirtschaftsbetrieben im Dorf: Es gibt eine Nahrungsmittelkooperative, einen Bioladen, eine Baumschule, einen Handwerksbetrieb und einen Versand von Wildkräutern. Außerdem werden Workshops zum Strohballen-Bau, zur gewaltfreien Kommunikation und zu Permakultur angeboten. Im Sommer veranstaltet *Sieben Linden* ein Camp für Kinder.

In den Städten wuchs in den 1970ern der Protest gegen Immobilienspekulation und mangelnden Wohnraum. Wütende Bürger besetzten leer stehende Häuser, um sich diesen Wohnraum selbst zu nehmen, etwa das verlassene, vom Abriss bedrohte ehemalige Kopierwerk der Ufa Film Aktiengesellschaft sowie das dazugehörige Gelände in Berlin-Tempelhof, das 1979 friedlich besetzt wurde. Aus dieser Bewegung kamen wichtige Impulse: Viele besetzte Häuser wurden zu legalen Wohnprojekten, indem sie von dafür eigens ins Leben gerufenen Genossenschaften und Vereinen erworben wurden. Gute Beispiele dafür sind die Berliner Mietergenossenschaft *SelbstBau e.G.* und die Hamburger *Schanze e.G.* Letztere wurde im Sommer 1987 gegründet, um einen besetzten Hinterhofkomplex in der Schanzenstraße zu kaufen. Das Gebäude war in einem erbärmlichen Zustand: Manche Wohnungen hatten kein Bad und konnten nur mit Kohleblechöfen beheizt werden. Offensichtlich überließ der Privateigentümer das Gebäude dem Verfall, um es später abzureißen. Heute besitzt die *Schanze e.G.* mehrere Häuser mit insgesamt an die dreihundert Wohnungen, die Hälfte davon in Neubauten.

Auch das *Mietshäuser Syndikat*, eine nicht-kommerzielle, kooperative Beteiligungsgesellschaft, ging aus der Hausbesetzer-Szene hervor und wurde 1992 gegründet. Das erste Projekt des Syndikats waren drei sanierte Gebäudeeinheiten einer ehemaligen Eisengießerei am Grethergelände in Freiburg im Breisgau. Die Organisation ist heute an mehr als hundert Häusern mit insgesamt 2500 Bewohnern beteiligt und »expandiert« derzeit in ganz Europa: In Spanien, den Niederlanden und Frankreich gibt es Häuser mit Syndikats-Beteiligung. In Österreich ist das Hausprojekt *HabiTAT* in Linz mithilfe des *Mietshäuser Syndikats* entstanden. Durch eine besondere rechtliche Konstruktion entprivatisiert sie die Immobilien, sodass sie nicht verkauft werden können und der Spekulation entzogen werden.

Im großen Stil experimentierten Anfang der 1990er-Jahre die beiden deutschen Städte Tübingen und Freiburg mit Wohnprojekten: Sie überließen zur Stadtentwicklung ganze Quartiere privaten Baugemeinschaften. Im Freiburger Stadtteil Vauban entstand auf dem Gelände einer ehemaligen Wehrmachtskaserne durch eine breite Bürgerbeteiligung ein nachhaltiger, autofreier Modellstadtteil für mehr als 5500 Menschen. Eines der bekanntesten Wohnprojekte dort ist die *Selbstorganisierte unabhängige Siedlungsinitiative (SUSI)*.

Neuland

In Österreich formierte sich die erste Baugruppe ganz im Westen des Landes, in Vorarlberg: In Bludenz suchte eine engagierte Gemeinschaft eine Alternative zum problematischen Bodenverbrauch von Einfamilienhäusern und errichtete mit dem bekannten Architekten Hans Purin 1965 die Reihenhaussiedlung *Halde*. Ein Pionier des gemeinschaftlichen Wohnens war auch der Linzer Architekt Fritz Matzinger: Bei seinen Projekten wie *Les Palestuviers* (1974) oder *Gugl Mugl* (2000) nahm er Anleihe an westafrikanischen Dörfern, indem er Wohneinheiten um einen winterfesten Hof herum anordnete und so eine Art Dorfplatz schuf.

In Wien erregten die Wohnbauten des Architekten Ottokar Uhl Aufsehen: Die Wohnhausanlage *Wohnen mit Kindern* in Floridsdorf wurde 1984 eröffnet, das Gemeinschaftshaus *B.R.O.T. Hernals* sechs

Jahre später. Das bekannteste Wohnprojekt Österreichs ist die Wiener *Sargfabrik*, die 1996 bezogen wurde. Auf dem Gelände der einst größten Sargtischlerei der Donaumonarchie leben heute mehr als zweihundert Personen in Selbstverwaltung. Wegen der hohen Nachfrage wurde die *Sargfabrik* schon vier Jahre nach dem Einzug erweitert. Eine Wohnung dort zu bekommen, ist heute dennoch fast aussichtslos: In den vergangenen Jahren zog kaum jemand aus, und auf der Warteliste stehen rund fünfhundert Interessenten. »Wir wollen alles dazu beitragen, dass diese unsere Stadt viele ähnliche Projekte bekommt. Wo andere herschauen und sagen: Zueinander muss man stehen, dann hat dieses Leben, diese Stadt, diese Welt Zukunft«, sagte bei der Eröffnung der damalige Finanzstadtrat und spätere Finanzminister Rudolf Edlinger.

Die *Sargfabrik* war für viele nachfolgende Wohnprojekte Vorbild und ist bis heute ein in ganz Europa richtungsweisender Gemeinschaftsbau: In Zürich arbeiteten der Architekt Andreas Hofer, der Künstler Martin Blum und der Autor P. M. – der 1983 mit seinem »bolo'bolo« eines der grundlegenden utopischen Werke über nichtkapitalistische, selbstbestimmte Gemeinschaften geschrieben hatte – an einer Alternative zu den gängigen Wohnkomplexen. Inspiriert von der Wiener *Sargfabrik*, gründeten sie die Bau- und Wohngenossenschaft *Kraftwerk1* und bezogen 2001 mit 250 Mitstreitern ihre Siedlung *Hardturm* im Westen Zürichs. Mit *Heizenholz* und *Zwicky Süd* folgten zwei weitere Projekte.

Bei meiner Recherche über Wohnprojekte fällt mir irgendwann auch ein Zeitungsbericht in die Hände. Eine Journalistin beschreibt darin ein Haus, das mitten in Wien auf einem stillgelegten Güterbahnhof gebaut werden soll. »Gemeinsam statt einsam«, prangt als Titel über einem Foto, auf dem neun zukünftige Bewohner abgelichtet sind. Sie stehen auf einer Eisentreppe, halten Modelle ihres Hauses in der Hand und lachen in die Kamera. Eine Frau hat ein Baby im Tragetuch umgebunden, ganz vorne steht ein Mann mit Kapuzenpulli, Sakko und Stecktuch. Im Text ist zu lesen: »Die Bewohner haben einen Traum: von einer Wohnhausanlage in der Stadt, die aber funktioniert wie aktive Nachbarschaft am Land.« Genau, das ist es, denke ich: das Dorf einfach in die Stadt holen!

Die Baugruppe nennt sich *Wohnprojekt Wien*. Sie besteht aus rund sechzig Erwachsenen, die gemeinsam mit einem professionellen

Bauträger ein siebenstöckiges Haus mit 39 Wohnungen und siebenhundert Quadratmetern an Gemeinschaftsräumen errichten will. Baubeginn sei in einem halben Jahr, der Einzug ist in zwei Jahren geplant, entnehme ich dem Bericht. Ich beschließe, mir das Projekt für meinen eigenen Artikel genauer anzusehen. Als ich Clemens davon erzähle, beginnt er wieder mit der alten Leier: Ich solle beim geplanten Interview doch gleich fragen, ob noch eine Wohnung frei sei. »Ich bin eine seriöse Journalistin«, antworte ich. »Außerdem ist sicher schon alles vergeben.« Clemens schüttelt den Kopf. »So werden wir nie eine neue Wohnung finden.«

Beinahe versäume ich den Interviewtermin mit Heinz Feldmann, dem Initiator der Baugemeinschaft. Wir sind beim Baugrundstück am ehemaligen Nordbahnhof verabredet. Obwohl das Gelände mitten in Wien liegt, nur vier U-Bahn-Stationen von der Innenstadt entfernt, kann hier von Stadt keine Rede sein: Der größte Teil ist Industriebrache und auf offiziellen Landkarten nicht als Stadtgebiet verzeichnet. Darum findet meine Handynavigation die Straße nicht. Ich irre zwischen den Wohnklötzen umher, will Passanten nach der Adresse fragen – doch ich begegne niemandem. Erst ein kleiner Teil des Geländes ist mit Wohnhäusern, einer Schule und einem neu angelegten Park verbaut. Ich durchquere den Park, an dessen Westseite mehrere Baukräne in die Luft ragen. Wahrscheinlich liegt dort das gesuchte Grundstück. Vor einer riesigen Baugrube bleibe ich stehen. Mein Interviewpartner ist weit und breit nicht zu sehen. Ich setze mich auf einen Betonpfeiler. Gleich hinter der Parzelle mündet die asphaltierte Straße in eine Schotterpiste – hier beginnt die urbane Wildnis. Die Wiener nennen eine solche Gegend »Gstätten«, was im Dialekt einen verwilderten Platz bezeichnet. Während die Lagerhallen, Gleise und Kohlerutschen des Frachtenbahnhofs Jahr für Jahr verfallen, gedeihen Flieder, Holunder, Hopfen, unzählige Kräuter, Blumen und ein seltener Bestand an Silberpappeln. Kleintiere wie Hasen haben Unterschlupf gefunden, und die vom Aussterben bedrohte Wechselkröte hat sich hier breitgemacht.

»Wir hatten großes Glück mit dem Grundstück«, sagt Heinz Feldmann, der plötzlich schnaufend hinter mir steht. Er sieht genauso aus wie am Zeitungsfoto, trägt Sakko und darunter einen Kapuzenpulli. Er setzt sich zu mir auf den Betonpfeiler. Ich bin richtig hier. Die

Bauparzelle liegt direkt am Park, zwischen Haus und Grün wird später eine Fußgängerzone verlaufen. Vom Gebäude ist noch nichts zu sehen. Ich öffne meinen Notizblock, und noch bevor ich meine erste Frage stelle, beginnt Heinz bereits zu erzählen: »Der Eingang wird großzügig und hell. Man soll gerne eintreten. Gleich hinter dem Foyer liegt die Gemeinschaftsküche. Wenn ich dort koche, sehe ich durch die Glaswand, wer beim Haupteingang hereinkommt.« Er deutet auf die Baugrube, zu der Stelle, wo ungefähr die Haustüre sein wird.

Sechs Stockwerke sind geplant, und ein Dachgeschoß, das allen Bewohnern zugänglich sein wird – und nicht wie bei den umliegenden Gebäuden für ein schickes Penthouse reserviert ist. Von oben müsste man später bis zum Wahrzeichen der Stadt, dem Stephansdom, sehen können. Gemeinschaftsgarten, Sauna, Gästeapartments und eine Bibliothek will die Baugruppe sich am Dach leisten. Und einen großen Whirlpool, von dem aus man dank einer gläsernen Decke nachts den Sternenhimmel sehen kann. Heinz zwinkert und sagt: »Ich bin gespannt, ob die Badewanne gemeinschaftlich genutzt wird.« Hinter dem Haus, dort, wo jetzt ein Haufen Erde lagert, soll ein Garten mit großer Wiese, Obstbäumen und Beeten angelegt werden. Und im Tiefgeschoß wird das Wohnprojekt Wien zwei große, flexibel verwendbare Säle und eine Werkstatt, eine Waschküche, einen Probenraum und einen Lagerraum haben, der für eine Lebensmittelkooperative reserviert ist. Die Autos parken in der Garage des Nachbarhauses, die über einen unterirdischen Gang zu erreichen ist. Heinz sagt: »Wir haben vor, mit unseren Autos ein Carsharing zu starten.«

Während Heinz erzählt, muss ich an Clemens' Worte denken. Das Wohnprojekt Wien klingt so toll, und das Grundstück ist wunderschön – vielleicht sollte ich doch fragen, ob noch eine Wohnung frei ist? Ich stelle mir vor, wie unser Kind mit dem Rad von der Eingangstür weg direkt in den Park fährt – kein Verkehr, kein Stress. Ich sehe Clemens schon mit den Nachbarn im Garten Äpfel ernten und mich in der Bibliothek sitzen und schreiben. Das wär's! Auch wenn das Haus erst in zwei Jahren fertig ist, aber zumindest hätten wir eine Perspektive. Unsere Altbauwohnung ließe sich mit der Aussicht auf das Wohnprojekt Wien besser ertragen. Was soll ich jetzt tun? Meine Seriositätsverpflichtung sausen lassen und das erste und einzige Mal in meinem Berufsleben einen persönlichen Vorteil herauszuschlagen?

»Wie habt ihr das Grundstück bekommen?«, frage ich. Die Wohnprojekt-Leute haben die Kaufoption bei einem Bauträgerwettbewerb gewonnen. Das Glück bestand darin, dass sie es sehr schnell fanden. Es gibt unzählige Beispiele von Wohnprojekt-Initiativen, die jahrelang nach einem Objekt suchen – und schließlich erfolglos und frustriert auseinandergehen. Ohne Immobilie gibt es auch kein Wohnprojekt. Sie ist das Herzstück und der Knackpunkt bei jedem Gemeinschaftshaus. Die Immobilie gibt den Rahmen vor, was möglich ist: baulich, sozial, finanziell. Und unzählige Grundsatzentscheidungen hängen an ihr: Wo soll das Haus sein – Stadt oder Land? Wie groß soll es sein – kleckern oder klotzen? Schicker Neubau oder charmanter Altbau? Welche Art von Gemeinschaft und welche Art von Gemeinschaftsflächen wünschen sich die Bewohner? Sehr viel Auswahl haben Baugemeinschaften allerdings nicht: Ein Zinshaus zu kaufen ist angesichts der hohen Kaufpreise und des knappen Angebots schwierig. Für eine Sonderimmobilie wie ein altes Kloster oder ein Schloss braucht eine Gruppe gute Kontakte. Bleibt meist nur die dritte Option, nämlich: ein Neubau.

Mit der hohen Nachfrage nach gemeinschaftlichem Wohnen ist die Suche nach einer Immobilie in den vergangenen Jahren aber einfacher geworden: Viele Städte wie Hamburg und München reservieren mittlerweile einen Teil ihrer Neubaugebiete für Baugemeinschaften und haben spezielle Beratungsstellen dafür eingerichtet. Deshalb bilden sich viele Baugruppen gleich um eine bestimmte Immobilie – die Grundstücksuche fällt somit weg, und die Erfolgsaussicht steigt. Und auch die Professionalisierung hat zugenommen: Initiatoren sind oftmals Architekten, Bauträger oder Projektentwickler. Und in den vergangenen Jahren hat sich ein ganzer Dienstleistungszweig aus Organisationsexperten und Baubegleitungsbüros für die Beratung von Baugruppen etabliert.

Trotzdem ist die Erfolgsquote bei Wohnprojekten niedrig: Gut neunzig Prozent scheitern, sagen erfahrene Berater. Meist ganz einfach deshalb, weil sie immer eine Idee bleiben. Wer gemeinsam baut, braucht einen langen Atem: Mindestens vier Jahre dauert die Planungs- und Bauphase bis zum Einzug. Manche Gruppen brauchen wesentlich länger.»Seit zwanzig Jahren wünsche ich mir ein Wohnprojekt«, sagt Heinz und hält inne.»Damals hatte ich ein erbärmliches Leben. Ich war Konzernchef und ein echter Yuppie. Ich besaß ein schickes Penthouse, doch als alleinerziehender Vater war ich total isoliert. Ich wünschte mir so sehr Unterstützung von meinen Nachbarn. Doch da war niemand. Erst Jahre später, nach einer Weltreise, wurde mir klar, dass ich ein Wohnprojekt gründen möchte. Ich besichtigte mehrere Häuser in Deutschland und holte mir Ideen. Dann konnte ich zwei Freundinnen von meinem Vorhaben begeistern. Wir haben zwei A4-Zettel mit Notizen über unsere Vorstellungen gefüllt und dann im Bekanntenkreis verschickt. Das war vor zwei Jahren.« Heinz blickt auf das Baufeld.»Es ist unglaublich. Achtzig Prozent von dem, was wir damals auf die beiden Blätter geschrieben haben, erfüllt sich gerade.«

»Klingt sehr einfach«, stelle ich fest. Heinz schüttelt den Kopf:»Zwischen den Zetteln und heute liegen zwei Jahre harter Arbeit.« Denn die beiden Freundinnen sprangen bald wieder ab. Und Heinz musste neue Menschen zum Mitmachen begeistern. So lud er sonntags regelmäßig Interessierte zu Treffen ein, um über Ideen für ein Wohnprojekt zu reden. Heinz erzählt:»Die Leute gingen ein und aus, manche kamen immer wieder, andere nur ein einziges Mal. Nach ein paar Mal wollte ich nicht mehr nur reden, sondern endlich tun. Ich sagte zu ihnen: ›Wer es mit einem Wohnprojekt ernst meint, der zahlt bis zum nächsten Mal 1250 Euro auf ein Konto. Wir gründen mit dem Geld einen Verein und mieten ein Büro an. Wer das nicht will, braucht nach der Pause gar nicht wiederkommen.‹ In derselben Minute standen mehrere Leute auf und verließen wortlos den Raum. Nach der Pause waren wir nur mehr die Hälfte. 15 Leute zahlten den Betrag, ein ›Verein für nachhaltiges Leben‹ wurde eingetragen – und die Gründergruppe des Wohnprojekts Wien war geboren.« Heinz ist heute einer der drei gewählten Obleute des Vereins.

Dann ging alles Schlag auf Schlag. Unter den 15 Personen war auch der spätere Architekt des Hauses, Markus Zilker. Kurz nach der Vereinsgründung erfuhren Heinz und Markus durch ein Gespräch beim städtischen Wohnfonds, dass demnächst ein passendes Grundstück am Nordbahnhofgelände vergeben würde. In sechs Wochen endete die Ausschreibung. Die beiden informierten die Gruppe darüber, und alle stimmten zu, beim Bauträger-Wettbewerb um das Grundstück teilzunehmen. Da der Verein sich nicht direkt um das Grundstück bemühen konnte, sondern nur Bauträger zum Wettbewerb zugelassen waren, fand die Gruppe durch Vermittlung eines Planungsbüros einen Bauträger, der bereit war, sich gemeinsam mit der Baugruppe um das Grundstück zu bewerben.

In nur sechs Wochen schafften die Wohnprojekt-Leute, wofür andere mehrere Monate, wenn nicht sogar Jahre brauchen: An einem gemeinsamen Wochenende in den Bergen verständigten sie sich auf eine Vision fürs Haus und die nächsten Arbeitsschritte. Dann legten sie die Architektur des Hauses fest, ließen von Markus Zilkers Büro *einszueins architektur* einen Vorentwurf zeichnen und erstellten die gesamte finanzielle Kalkulation des Projekts. In dieser Eile wurde auch der Name mit »Wohnprojekt Wien« festgelegt – ursprünglich war es nur ein provisorischer Arbeitstitel. Bis heute allerdings fehlen Zeit und Energie, die Bezeichnung in einen etwas originelleren Namen zu ändern. »Diese Dynamik und Ernsthaftigkeit war gut für das Projekt. Ich muss aber zugeben, dass es manche Leute aus der Gruppe überfordert hat«, erinnert sich Heinz.

Er spricht so schnell, dass ich mit dem Schreiben nicht mitkomme. Bei all den Schilderungen schwingt eine Euphorie mit, die mich ansteckt. Ich bin begeistert! Was, wenn ich meine Notizen einfach nicht verwende? Das Wohnprojekt Wien in meinem Artikel nicht erwähne? Dann könnte ich jetzt nachhaken, so wie Clemens es mir vorgeschlagen hat, und wäre in meiner Geschichte nicht befangen. Mein Dilemma wäre gelöst. Ich atme durch, und während Heinz eine Redepause macht, nutze ich die Gelegenheit und stelle die ganz private Frage: »Habt ihr noch Wohnungen frei?« Heinz dreht sich zu mir – so als ob er sofort verstanden hätte, dass diese Frage keine journalistische ist: »Nein, tut mir leid. Wir sind bis unters Dach voll.«

Am Heimweg fühle ich mich zutiefst enttäuscht. Heinz hat mir heute die Türe zu einer neuen Welt gezeigt. Das Wohnprojekt würde unser Wohnen verändern, möglicherweise sogar unser Leben. Vielleicht wäre das Haus ein bisschen so wie das Zuhause meiner Kindheit im Dorf: ein Ort der Freiheit, der Begegnung, der Vertrautheit. Doch für uns bleibt diese Türe verschlossen. Unser Baby wird ohne ein solches neues Zuhause auf die Welt kommen. Ich muss weinen.

3. Achtung, Baustelle!

Anklopfen

»In ein Wohnprojekt zu ziehen ist der längste und teuerste Kurs für Persönlichkeitsentwicklung, den man je in seinem Leben machen kann.«
Diana Leafe Christian, Cohousing-Pionierin aus North Carolina

Clemens hat die Wohnungssuche definitiv eingestellt; ich habe mich gezwungen, weiterzumachen. Ich arbeite seit Kurzem nicht mehr, weil der Mutterschutz begonnen hat, und habe mich deswegen aufgerafft, die Zeit bis zur Geburt zu nutzen. Es bleibt uns ja nichts anderes übrig – früher oder später müssen wir umziehen. Die Tage Anfang November sind düster und regnerisch. Bei jeder Anzeige und jeder Besichtigung denke ich nur: Ach, wie schön wäre es doch im Wohnprojekt Wien!

Und plötzlich geht alles ganz schnell: Wir sind gerade mit dem Abendessen fertig. Ich habe den Computer eingeschaltet, um mir die neuesten Anzeigen anzusehen, da klingelt mein Telefon – Heinz Feldmann ist dran. Ich verstehe den Grund seines Anrufs nicht auf Anhieb. »Bei Wohnprojekten kommt es manchmal vor, dass sich die Gruppe bis zum Einzug verändert«, beginnt er. »Leute trennen sich oder gehen ins Ausland, und so werden eigentlich vergebene Wohnungen auch wieder frei.« Ich bin verdutzt und antworte zunächst nicht. »In den vergangenen Wochen sind zwei Wohnungen frei geworden. Und da dachte ich an dich. Vielleicht hast du noch Interesse und willst dich bewerben?«, fragt Heinz. Ja, klar, ich will!

Ich strahle übers ganze Gesicht, als Clemens zu mir in die Küche kommt. Und ich muss ihn gar nicht lange überreden. Obwohl er nicht beim Interviewtermin mit Heinz dabei war, habe ich ihn mit meiner Begeisterung für das Wohnprojekt Wien längst angesteckt. Ich klicke schnell alle Immobilienseiten weg – hoffentlich für immer! – und beginne gleich mit dem Bewerbungsschreiben. Es soll rasch raus, da die Frist schon läuft und wir natürlich nicht die einzigen Interessenten sind. Wir schreiben auf, was wir dem Wohnprojekt Wien als »Motivation« für unsere Bewerbung sagen möchten. Wir tippen Sätze wie »Wir sind kommunikative, engagierte Menschen und offen für neue Ideen« in den Computer. Wir erzählen, was wir uns vom Gemeinschaftshaus erhoffen, und schildern unser Engagement in Non-Profit-Organisationen. Der Lebenslauf wird aktualisiert, und am nächsten Tag schießt ein Freund noch ein Foto von uns vor unserem derzeitigen Haus. Im Hintergrund des Bildes ist eine Fahrradfahrerin zu sehen. »Perfekt«, sagt Clemens. »Die Fahrradfahrerin unterstreicht, dass wir ökologisch denken.« Am Abend haben wir alles fertig – bis auf einen Zettel mit ein paar Fragen. Bei dem gerät unsere Betriebsamkeit ins Stocken.

Schon bei der ersten Frage müssen wir länger überlegen: »Welche Erfahrungen mit gemeinschaftlichem Wohnen hast du?« Die im Geist vorformulierten Phrasen, die man schon x-mal bei Jobbewerbungen angeführt hat, gibt es bei diesem Thema nicht. »Ich erwähne, dass ich in einem kleinen Dorf aufgewachsen bin. Das ist ja auch irgendwie Gemeinschaftswohnen, oder nicht?«, sagt Clemens. Ich selbst habe während meiner Studienzeit mit meinen drei besten Freundinnen sechs Jahre lang in einer Wohngemeinschaft gelebt. Wenn ich mich recht erinnere, haben wir in unserer Vierer-WG ziemlich viel gestritten. Über das Thema Nummer eins in WGs: das Putzen. Es war unglaublich schmutzig in der Wohnung. Wenn ich in der Küche barfuß lief, musste ich mir nachher die Füße waschen. Wir tüftelten mindestens alle vier Monate einen ausgeklügelten Putzplan aus. Aber spätestens nach zwei Runden begannen die Ausreden. Für »Ich hatte Prüfung« konnte ich noch Verständnis aufbringen. Bei »Wir sollten den Putzplan lockerer nehmen« ärgerte ich mich. Ehrlich gesagt war ich sehr froh, als ich dann in eine eigene Wohnung zog. Ist das gemeint mit Gemeinschaftswohnen? Ich hoffe doch, dass wir im Wohnprojekt Wien nicht übers Putzen streiten werden!

Auch der Punkt »Wie kannst du dich ins Wohnprojekt Wien einbringen?« bereitet uns Kopfzerbrechen. Gute Frage, denken wir. Wir sind weder Architekten oder Anwälte, noch kennen wir uns bei Gruppenorganisation und Hausfinanzierungen aus. Ich habe zwar Wirtschaftswissenschaften studiert, doch habe ich noch nie in meinem Leben einen Bankkredit beantragt. Als Journalistin kann ich höchstens nette Texte schreiben. Bei Clemens sieht es nicht viel anders aus: Er ist freiberuflicher Filmemacher, kann gut organisieren und hat viele Ideen. Ob unsere Fähigkeiten im Wohnprojekt Wien überhaupt gebraucht werden?

Eine Woche nachdem wir unsere Bewerbung abgeschickt haben, ruft uns der Architekt des Wohnprojekts an. Er heißt Markus Zilker und wird gemeinsam mit einer Nachbarin namens Petra das Bewerbungsinterview mit uns führen. Wir vereinbaren für die kommende Woche ein Treffen im Café Jelinek nahe dem Wiener Naschmarkt. Vor dem Termin gehen Clemens und ich noch alle Fakten über das Wohnprojekt Wien durch:

- Jede Mietpartei hat eine Privatwohnung mit Bad, WC und Küche.
- Die Wohnung kann nur gemietet, nicht gekauft werden.
- Eigentümer des Hauses ist ein Verein. Das Haus ist demnach Gemeinschaftseigentum.
- Jeder Bewohner zahlt monatlich einen Beitrag zum Vereinsbudget.
- Die Planung, den Bau und die Verwaltung des Hauses verantwortet die Gruppe selbst.
- Jeder Bewohner verpflichtet sich, elf Stunden pro Monat an Arbeit für das Haus zu leisten und diese Tätigkeiten aufzuzeichnen.
- Jeder, der später zum Hausprojekt dazukommt, muss die Stunden, die er durch den verspäteten Einstieg nicht erbringen konnte, teilweise in Geld nachzahlen.
- Für eine Wohnung sind pro Quadratmeter rund 570 Euro Eigenmittel und gut zehn Euro monatliche Bruttomiete zu zahlen, dazu noch 3000 Euro pro Erwachsenem als Beitrag für die Ausstattung der Gemeinschaftsflächen. Bei einem Ausstieg erhält man dieses Geld oder Teile davon wieder zurück.

»Sind wir uns sicher, dass wir das alles wollen?«, frage ich Clemens. Er nickt. Ich auch.

Ich schleppe mich zum Café Jelinek. Mein Bauch ist sechs Wochen vor der Geburt schon ganz schön rund, und seit Kurzem strengen mich lange Fußmärsche an. Ich keuche und bin so sehr auf mich konzentriert, dass ich überhaupt nicht aufgeregt bin. Clemens hingegen geht einen Meter vor mir. Er dreht sich um und ruft mir zu: »Beeil dich, wir sind viel zu spät!« Okay, Clemens ist nervös. Ja, er hat recht, es ist schließlich unsere Chance auf eine Wohnung im Wohnprojekt. Ich sammle meine Kräfte und hole ihn ein. Als wir ankommen, sitzen Markus und Petra noch mit zwei anderen Bewerberinnen an einem Tisch und reden. Wir nehmen etwas abseits in gemütlichen Vintage-Sesseln Platz und bestellen Kaffee. Aus den Augenwinkeln beobachte ich die beiden: Markus macht einen freundlichen Eindruck und gehört zu der Sorte Architekten, deren Beruf man nicht sogleich an der Hornbrille und dem dunklen, schmal geschnittenen Hemd erahnen kann. Er trägt Jeans und einen Wollpullover. Petra hat ihre dunkelgrauen Haare zu einem Zopf zusammengebunden und sitzt im Rollstuhl. Nach zehn Minuten kommen die beiden an unseren Tisch. »Das ist lustig«, begrüßt uns Markus. »Meine Frau ist auch hochschwanger. Der Geburtstermin ist in zwei Wochen.« Das Gespräch beginnt ganz von selbst: Wir reden über unseren Nachwuchs. Bei Markus ist es bereits der zweite Sohn, Petra hat keine Kinder. Dann kommen wir zum Thema Gärtnern. Petra erzählt über eine solidarische Landwirtschaftsinitiative, bei der sie engagiert ist, und erklärt uns, wie sie in dem kleinen Garten im Wohnprojekt Wien eine üppige Ernte einfahren will. Dann sprechen wir über Kunst und Architektur. Für Markus und sein Büro ist das Wohnprojekt Wien der erste große Wohnungsbau mit Beteiligung der Bewohner. Er und seine Frau waren zwei der 15 Gründerinnen und Gründer des Wohnprojekts Wien. Eigentlich wollte Markus nur als gewöhnliches Gruppenmitglied mitmachen – bis ihn die anderen baten, als Architekt die Planung zu übernehmen. Er blickt auf die Uhr: Eine Stunde Plaudern ist im Nu vergangen. »Wie vergebt ihr denn nun die beiden letzten Wohnungen?«, frage ich vorsichtig, aber fast schon ungeduldig.

»Wir haben ein fixes Prozedere dafür«, erläutert Markus. Immer zwei Personen aus dem Wohnprojekt interviewen die Bewerber und entscheiden, ob sie dazupassen. Wenn es mehrere geeignete Interessenten gibt, wählt eine größere Gruppe die Neuen aus. So machten es die Wohnprojekt-Leute auch bei der großen Aufnahmerunde. Es ist im Allgemeinen sinnvoll, dass die Gründergruppe erst dann, wenn sie den Zuschlag für ein Grundstück erhalten und die Eckpfeiler des Hausprojekts festgelegt hat, die Gruppe vergrößert. Die Wohnprojekt-Leute drehten ein kurzes »Werbevideo« und erstellten eine Homepage, sodass sich Interessierte ungefähr vorstellen konnten, auf welches Vorhaben sie sich einlassen würden. Relativ schnell sprach sich die Hausidee im Bekanntenkreis der Gründerinnen und Gründer herum. Schon zu den ersten zwei Informationsabenden in einem Nachbarschaftszentrum nahe dem Grundstück kamen mehr als zweihundert Interessierte.

Mittlerweile gibt es eine ganze Reihe an Plattformen im Internet, wo sich Wohnprojektinitiativen präsentieren und nach neuen Mitgliedern suchen. Manche Städte veranstalten auch »Wohnprojektbörsen« oder »Wohnprojekttage«, um Hausgründer und potenzielle Mitbewohner zusammenzubringen. Beim Wohnprojekt Wien bewarben sich schließlich hundert Menschen – doppelt so viele, wie aufgenommen werden konnten. Die Wohnprojekt-Gründer interviewten alle. »Wir haben uns wahnsinnig auf die neuen Gruppenmitglieder gefreut, weil uns die Arbeit in der kleinen Gründergruppe schon über den Kopf wuchs«, erzählt Markus. »Allerdings haben wir 13 Stunden gebraucht, bis wir uns auf die neuen Nachbarn einigen konnten.« Clemens fragt: »Würden wir dazupassen?« Markus lächelt: »Ich glaube schon.« Dennoch: Es gibt auch diesmal mehr Interessenten als Wohnungen.

Viele Wohnprojekte achten im Sinne einer sozialen Nachhaltigkeit ganz bewusst auf eine Durchmischung ihrer Bewohner. Tendenziell umgeben wir uns gerne mit Menschen, die uns ähnlich sind: Junge Mütter sind gerne mit anderen jungen Müttern zusammen. Bei Hausprojekten lässt sich feststellen, dass homogene Gruppen weniger Konflikte haben. Alleine aus dem Alter der Bewohner ergeben sich unterschiedliche Interessenlagen: Ältere Menschen brauchen Ruhe, während Kinder sich austoben müssen. Dennoch ist eine gewisse »soziale Durchmischung«, wie Soziologen es nennen, vorteilhaft für ein langes und gedeihliches Zusammenleben unter einem Dach. Ein Gebäude, das ausschließlich von Jungfamilien besiedelt wird, ist in vierzig Jahren ein Altenheim. Außerdem haben Menschen in verschiedenen Lebensphasen unterschiedliche Energie- und Zeitressourcen zur Verfügung: Wer hat in einem Haus mit lauter überforderten Jungfamilien schon besser Zeit, mal fremden Kindern ein Buch vorzulesen, wenn nicht Menschen im Ruhestand? Und umgekehrt gilt es genauso: Für eine Familie ist es wenig bis gar kein Aufwand, der älteren Nachbarin eine Portion Essen mitzukochen.

Es gibt verschiedene Kriterien, woran diese Durchmischung festgemacht werden kann: Alter, Geschlecht, Herkunft, Bildung, Einkommen, Vermögen, Beruf und ganz allgemein der Lebensstil. Für ein Hausprojekt ergeben sich daraus zwei grundlegende Anforderungen: Erstens muss es verschiedene Wohnungstypen geben – von der WG für Studenten über Singlewohnungen bis hin zu großen Familiendomizilen. Und zweitens müssen die Wohnkosten niedrig sein, damit auch Menschen mit weniger Einkommen einziehen können.

Vor allem eine gute Durchmischung von Berufen und Fähigkeiten ist für selbstverwaltete Wohnprojekte zentral: Da viele Tätigkeiten selbst erledigt werden, müssen diese Talente bis zu einem gewissen Grad unter den Bewohnern vorhanden sein.

Dort, wo die finanzielle Hürde relativ hoch ist, organisieren Häuser in irgendeiner Form einen Sozialausgleich – etwa einen Solidaritätsfonds, der für Mietzuschüsse für ärmere Haushalte verwendet wird, oder von den Bewohnern bezahlte Wohnungskontingente, die sozialen Organisationen zur Verfügung gestellt werden. Doch es ist weniger das Einkommen oder das Vermögen, das einen Hinderungsgrund zur Teilnahme an einem Wohnprojekt darstellt – schließlich haben auch klassische Wohnprojekt-Bewohner wie Studenten und junge Kreative meist wenig finanzielle Mittel –, sondern eher der Bildungsgrad: »Gemeinschaft heißt, man muss sich einbringen und diskutieren. Davor haben viele Leute Angst und glauben, sie können nicht mithalten«, sagt Sozialgeografin Corinna Heye. Mit ihrem Forschungs- und Consultingunternehmen *raumdaten* mit Sitz in Zürich hat sie schon mehrere Wohnprojekte zu diesem Thema beraten.

»Das ist doch gut gelaufen«, sage ich zu Clemens, als wir wieder am Weg nach Hause sind. Das Gespräch war nett, die Chemie hat gestimmt. »Finde ich auch«, meint er. »Wir passen super dazu.« Wir müssen lachen. Ich bin viel aufgeregter als vor dem Treffen. Eine Wohnung im Wohnprojekt scheint zum Greifen nah – unser großer Traum, noch vor der Geburt ein schönes Zuhause zu finden, würde im letzten Moment doch in Erfüllung gehen. Aber wer weiß, ob sich das Wohnprojekt Wien tatsächlich für uns entscheidet?

Zweifeln

»*Der Affe weiß nicht, wie der Ingwer schmeckt.*«
INDISCHES SPRICHWORT

So hart die langen Monate der Wohnungssuche waren, so überglücklich sind wir jetzt. Zwei wunderbare Ereignisse haben unser Leben in eine neue Ära katapultiert: Clemens und ich wurden ins Wohnprojekt Wien aufgenommen. Und wir sind Eltern eines gesunden und munteren Buben namens Theo geworden.

Erst als unser Baby zwei Monate alt ist und sich ein neuer Familienalltag eingestellt hat, sind wir bereit, uns auch auf unser neues Zuhause einzulassen. Bis ich meine zukünftigen Nachbarn zum ersten Mal kennenlerne, überschlagen sich die Bilder in meinem Kopf. Ich stelle mir die Leute aus dem Wohnprojekt nett, interessant, lustig und empathisch vor. Menschen, die ich umarmen und ihnen zurufen würde: Endlich, ich habe euch gefunden! Als es so weit ist, fühle ich mich wie beim ersten Date mit einem verheißungsvollen Mann. Ich ziehe mich dreimal um, bevor ich mich für einen schlichten schwarzen Pullover entscheide. Ich stecke Baby Theo in einen hübschen Strampler und suche Clemens ein passendes Hemd aus dem Schrank. Nahe der Baustelle unseres zukünftigen Zuhauses, im Veranstaltungssaal eines Altenheims, findet ein »Großgruppentreffen« des Wohnprojekts Wien statt. Bei solchen Treffen kommen die 65 Erwachsenen und dreißig Kinder alle sechs Wochen zusammen.

Als Clemens, Theo und ich den Saal betreten, stehen die meisten Leute rund um das »All-you-can-bring«-Buffet, tratschen und laden sich selbst mitgebrachten Kuchen, Quiche und Salate auf ihre Teller. Wir blicken uns nach bekannten Gesichtern um. Doch weder Heinz ist hier noch unsere beiden Interviewer Markus und Petra. In der Mitte des Raumes sind Stühle zu einem riesigen Kreis angeordnet. Wir setzen uns auf zwei davon, Baby Theo platziere ich auf meinem Schoß. Eine Frau mit Kurzhaarfrisur und roter Brille steuert auf uns zu. »Ihr seid wohl die Neuen«, sagt sie und lässt sich neben mir nieder. »Ehrlich gesagt habe ich beim Auswahlverfahren für eine andere Familie gestimmt, nicht für euch.« Ich blicke sie an, weiß nicht, was ich erwidern soll. Sie schaut mich ohnehin nicht an. »Ich hätte lieber eine Familie mit älteren Kindern, die im Alter meiner Kinder sind«, sagt sie schließlich.

Ich habe mir für diesen Nachmittag verschiedene Phrasen zurechtgelegt, doch mit so einer feindseligen Ansage habe ich nicht gerechnet. »Ich heiße Barbara«, sage ich und lächle meine Sitznachbarin an. Keine Reaktion. In diesem Moment bemerke ich, wie die anderen im Raum nach und nach im Kreis Platz nehmen und auf uns aufmerksam werden. Als sich alle hingesetzt haben und ich das Gefühl habe, drei Dutzend Augenpaare kleben an mir, erhebt sich ein grauhaariger Mann. Er stellt sich als Erich und heutiger Moderator vor, geht zu einem Flipchart, deutet auf uns und sagt: »Das sind Barbara, Clemens und Theo, unsere neuen zukünftigen Nachbarn.« Die Leute klatschen. Wir stehen auf und stellen uns in ein paar Sätzen vor. Meine Stimme ist zittrig. In diesem Moment stößt Baby Theo ein paar Laute aus, als ob er sich ebenfalls bekannt machen möchte. Viele aus der Runde lachen. »Willkommen!«, tönt es. Ich lasse mich zurück in meinen Sessel gleiten. »Sorry«, flüstert die Frau neben mir. »Ich hoffe, ich habe dich nicht verunsichert. Ich bin übrigens Roberta.« Zum ersten Mal lächelt sie. Doch ich bin enttäuscht: Die imaginierten fantastischen Nachbarinnen haben sich erst einmal als nicht besonders freundlich entpuppt – zumindest diese eine hier. Wo bin ich hier bloß reingeraten, was sind das für Leute?

Robertas Mann namens Joka hat einen Vortrag über die Nachhaltigkeit unseres Hauses begonnen. Er ist Umweltberater und hat mit einem Kollegen die DGNB-Standards auf unser Haus übertragen. Vor einer PowerPoint-Präsentation beginnt er zu sprechen: »Das Gebäude wird durch eine kontrollierte Be- und Entlüftung mit Wärmerückgewinnung geheizt.« Joka zieht die Aufmerksamkeit im Raum auf sich, die Blicke auf uns lassen nach. Ich ertappe mich dabei, wie ich nun die anderen mustere. Es ist wieder so wie beim ersten Date. Ich sauge alle Details auf, die mir verraten könnten, wie die Anwesenden ticken; Kleinigkeiten werden zu bedeutungsvollen Hinweisen. Passen wir wirklich zusammen, das Wohnprojekt und ich? Welche Schuhe tragen sie hier? Die Dichte an den Öko-Tretern der Marke »Waldviertler« aus der Fabrik des linken österreichischen Aktivisten Heini Staudinger ist ziemlich hoch. Bei Clemens' Schuhen habe ich in der Vorbereitung versagt: Er hat seine neongelben Nike-Sneakers an. Eine Frau strickt. Stricken? Ich habe vor Theos Geburt eigenhändig eine Babydecke gestrickt. Trotzdem würde ich das nie in der Öffentlichkeit machen – schaut zu hausmütterlich aus. Mir fällt die Aufschrift eines T-Shirts auf: »Mein Lebensstil rettet die Welt«, ist da auf der Brust einer Frau zu lesen. Könnte ich nicht anziehen, denke ich. Mein Lebensstil rettet die Welt ziemlich sicher nicht. Wir sind mit dem Auto hergefahren, da wir spät dran waren. Weil wir schon ahnten, dass der motorisierte Individualverkehr hier möglicherweise nicht gut ankommt, haben wir unseren VW Caddy vorsichtshalber um die Ecke geparkt.

Eine Erhebung der Fachzeitschrift *Bauwelt* 2008 unter zwölf Baugemeinschaften in Berlin, Frankfurt am Main und Freiburg ergab, dass Baugruppenmitglieder überwiegend Akademiker mit gutem Einkommen sind. Die am häufigsten vertretene Altersgruppe sind die Vierzig- bis Sechzigjährigen. Der am öftesten genannte Beruf unter den Befragten ist Architekt, gefolgt von Journalist, Designer und Grafiker, Mediziner, Künstler und Lehrer. Außerdem ist in Quartieren, die stark von gemeinschaftlichen Wohnprojekten geprägt sind, der Anteil der Grün-Wähler tendenziell hoch – Wohnprojekte sind offensichtlich eine Heimat der Ökos. In unserem Haus scheint die Mitgliederstruktur ganz ähnlich zu sein. Joka steht noch immer vorne. Ich bekomme nur die letzten Fetzen seines Vortrages mit: »Fenster und Türen sind PVC-frei, alle Dämmstoffe HFKW-frei. Kurzum: Wir werden in einem ökologischen Vorzeigehaus wohnen.« Applaus.

In der Pause spricht mich die »Mein Lebensstil rettet die Welt«-Frau an. Sie ist die Lebensgefährtin unserer Interviewerin Petra und stellt sich als Eva Maria vor. Sie erzählt, dass sie seit vielen Jahren als Hausverwalterin arbeitet, in ihrer Freizeit Kurzgeschichten schreibt und derzeit die Verantwortliche für Finanzen im Wohnprojekt ist. Mir ist sie auf Anhieb sympathisch. Es kommen zwei weitere Frauen zu uns; ich schüttle Hände, berichte aus meinem Leben. Immer mehr Leute stellen sich dazu, bis ich von einer Traube Menschen belagert bin. Ich schüttle wieder Hände, erzähle weiter, höre zu, Baby Theo wechselt von Arm zu Arm. Nach nur zehn Minuten habe ich mit mindestens zwanzig Leuten gesprochen. Clemens hat einen Bekannten getroffen, der ebenfalls ins Haus einziehen wird: Es ist Tom, sein ehemaliger Physiotherapeut, mit seiner Frau Eva. Die drei stehen in einer Ecke und sind ins Gespräch vertieft. Mir werden die vielen neuen Gesichter langsam zu viel. Die Namen beginnen sich zu vermischen; ich vergesse, wer wie heißt.

Der Anthropologe Robin Dunbar hat durch Analysen der Großhirnrinde berechnet, dass die ideale Gruppengröße bei 150 Menschen liegt. Bei einer größeren Anzahl würde man den Überblick verlieren. Er fand heraus, dass Kompanien vom alten Rom bis zur modernen US Navy im Durchschnitt 150 Mann umfassen. Ebenso ziehen Nomadenvölker in Gruppen von 150 Mitgliedern durch die Wüste. Auch für Wohnprojekte ist das eine gute Größe: Wenn Projekte zu klein sind, nur ein paar Familien umfassen, ist das Konfliktpotenzial höher. Bei 150 Leuten kann man dem streitbaren Nachbarn schon leichter aus dem Weg gehen. Doch ich habe schon bei diesen vierzig Menschen im Raum das Gefühl, eine solche Menschenmenge nicht auszuhalten. Auch Theo fühlt sich unwohl, er beginnt zu weinen. Wir müssen dringend an die frische Luft, und ich steuere mit ihm die Türe an. Doch wir schaffen es nicht hinaus.

»Bitte bleibt hier«, sagt der Moderator von hinten und berührt mich an der Schulter. »Wir wollen gleich mit einem schottischen Cèilidh-Gruppentanz weitermachen.« Eine Frau und ein Mann stimmen ihre Geigen an. Die Leute stellen sich in zwei Reihen zu einem Spalier auf und reichen ihrem jeweiligen Gegenüber die Hände – mein Bedürfnis nach frischer Luft verwandelt sich schlagartig in einen Fluchtdrang. Ich mag keine Gruppentänze, besser gesagt: Ich hasse sie. Ich erinnere mich, als meine Mutter mich mit 13 Jahren auf eine »Walpurgisnacht« mitnahm, wo langhaarige Frauen bei Einbruch der Nacht um ein riesiges Feuer tanzten. Sie hatte damals eine intensive Selbstfindungsphase mit esoterisch-feministischer Ausprägung. Ich stand nur daneben und schaute fassungslos zu. Genauso fühle ich mich jetzt. Ich bin sprachlos, dass das Wohnprojekt genau dem Klischee entspricht, wie man sich eine Kommune vorstellt: sich an den Händen halten, singen und tanzen. Ich hatte gehofft, nein, ich war mir sicher, dass solche Klischees vorbei seien. Ich muss an meine drei besten Freundinnen aus der WG denken: Jede Einzelne hat mich belächelt, als ich ihnen vom Gemeinschaftshaus erzählte. Würden sie mich jetzt sehen, sie würden sich die Bäuche halten vor Lachen. Ich schäme mich. Was mache ich hier eigentlich?

Vor dem Einstieg ins Wohnprojekt habe ich keinen Gedanken daran verschwendet, ob ich zu Gemeinschaft überhaupt fähig bin. In meiner Eigenwahrnehmung bin ich eine soziale Frau. Mit meinen beiden Schwestern halte ich seit Kindertagen wie Pech und Schwefel zusammen, und meine drei Freundinnen sind trotz der vielen Streitereien auch heute noch meine besten Freundinnen. Ich verbünde mich lieber mit anderen, als zu konkurrieren. Auch in meinem Job als Wirtschaftsjournalistin ist es mir weitaus lieber, mit Kollegen gemeinsam an einer Coverstory zu schreiben, als darum zu kämpfen, meinen Namen alleine unter einen Text zu setzen. Aber vielleicht reicht das alles nicht für ein Leben im Wohnprojekt? Sollte ich mir lieber eingestehen, dass ich konservativ aufgezogen wurde und im Grunde gar keine Ahnung von Kollektiven, Kooperativen und Kommunen habe? Wenn ich es nicht mal schaffe, bei einem Gruppentanz mitzumachen, wie soll ich dann mit anderen über mehrere Jahre ein ganzes Haus bauen?

Die ersten Leute tanzen der Reihe nach unter dem Spalier durch. Ich packe Theo in den Kinderwagen, nehme meine Sachen und eine Windel – und tue so, als müsste ich das Baby dringend wickeln. Ich steuere nochmals die Türe an. Clemens zeigt keine Anzeichen, es mir gleichzutun. Er hält Roberta an der Hand und beginnt zu tanzen. Ich verlasse den Raum. Draußen ist es eisig. Theo ist so erschöpft, dass er nach ein paar Augenblicken einschläft. Vielleicht haben wir unsere Entscheidung, ins Gemeinschaftshaus zu ziehen, einfach überstürzt?

Es hätte mir schon merkwürdig vorkommen müssen, dass ich in letzter Zeit Hemmungen habe, das Wort »Gemeinschaft« überhaupt in den Mund zu nehmen. Wenn ich meinen Freunden vom Haus erzähle, versuche ich immer, ein anderes Wort dafür zu finden. Der Begriff fühlt sich nach Jugendlager an, riecht nach stinkigen Socken und lässt Gitarrenlieder am Lagerfeuer erahnen. Und er erinnert mich an eine Glaubensgemeinschaft – dabei sehe ich mich auf der von Holzwürmern zerfressenen kalten Kirchenbank sitzen. Schlimmer noch: Manchmal denke ich bei Gemeinschaft an Gehorsam, Gruppenzwang und Gleichförmigkeit. Der deutsche Soziologe Hartmut Rosa schreibt in »Theorien der Gemeinschaft«, dass der Begriff eine »ambivalente Rolle« einnimmt, im politischen Sinn sogar ein »Kampfbegriff der Moderne« ist. Für andere Menschen mag das Wort ganz anders, nämlich positiv aufgeladen sein und Wärme, Geborgenheit, Liebe, Freundschaft und Vertrautheit symbolisieren. Rosa: »Die damit verknüpfte Lebensform repräsentiert einen utopischen Gegenort zur kalten, modernen Gesellschaft und zu neuzeitlichen Sozialpathologien wie Entfremdung, Verdinglichung und Sinnverlust.« Hätten wir den Schritt ins Wohnprojekt nicht doch genauer überdenken sollen? Immerhin ist der Eintritt in ein Wohnprojekt wie eine Weichenstellung im Leben. Das sehen sogar die Trendforscher vom *Zukunftsinstitut* so. In ihrer Studie »Die neue Wir-Kultur« aus 2015 erstellten sie eine »Landkarte des Wir«, indem sie alle derzeit modernen Gruppenarten anhand zweier Kriterien sortierten: erstens nach dem Grad der Vergemeinschaftung und zweitens nach dem dafür nötigen Engagement. Auf dieser Gemeinschafts-Topografie zeigt sich deutlich: Wohnprojekte erfordern ungemein viel individuelles Engagement und gleichzeitig die Bereitschaft zu viel Wir-Gefühl. Sie sind das genaue Gegenteil der derzeit so modernen Gruppenarten wie Tauschplattformen, Carsharing und Guerilla Gardening: Dort loggt man sich schnell mal ein, und wenn man nicht mehr will, ist man genauso rasch wieder draußen. Schnell mal aus einem Kollektivhaus ausziehen? Das erfordert schon mehr Aufwand als ein paar Klicks.

»Ich bin mir unsicher, ob das Wohnprojekt wirklich was ist für uns«, sage ich und löse die Handbremse unseres blitzblauen Autos. Clemens hat am Beifahrersitz Platz genommen, Theo schläft in seinem Kindersitz. Dann steige ich aufs Gas. Wir fahren am Eingang des Veranstaltungssaales vorbei. Ein paar Wohnprojekt-Leute stehen noch davor. Am liebsten würde ich jetzt so wie Superauto K.I.T.T. die Scheiben verdunkeln. Clemens hingegen kurbelt das Fenster hinunter und winkt hinaus. »Die Leute wirken alle so öko auf mich. Und wer weiß, vielleicht sind die anderen in Wirklichkeit auch so drauf wie diese Roberta?«, sage ich. »Ich fand die Leute alle sehr nett«, antwortet er. »Und der Tanz?«, will ich wissen. »Hat dich das nicht irritiert?« – »Es war ganz lustig. Was hast du denn? *Du* wolltest doch unbedingt ins Wohnprojekt ziehen.«

Ja, das wollte ich. Das erste Date lief aber nicht so, dass ich mich Hals über Kopf verliebt hätte. »Vielleicht passen wir nicht dazu?«, sage ich noch mal. »Ich habe ein gutes Gefühl«, entgegnet Clemens. »Dein Gefühl reicht dir bei so einer wichtigen Entscheidung?«, frage ich. Irgendwie hätte ich gerne einen Fragebogen zum Ankreuzen, mit einem Titel wie »Passen Sie in die Gruppe?«, der mir dann von selbst eine Antwort ausspuckt, so wie in den Psycho-Magazinen. Ich biege mit dem Auto in unsere Straße ein. Nachdem ich eingeparkt habe, öffne ich die Autotür. Ein Mann geht vorbei; ich bin froh, dass ich ihn nicht kenne und grüßen muss. Der Tag war wahnsinnig intensiv. Clemens gibt mir einen Kuss und sagt: »Wir haben eine Probezeit von sechs Monaten. Wenn es uns nicht gefällt, steigen wir wieder aus.« »Ich bin misstrauisch«, antworte ich. »Dann sieh es als Experiment, einmal eine andere Wohnform auszuprobieren«, schlägt er mir vor.

Ich weiß nicht. Seit dem heutigen Treffen zweifle ich, ob ich ein Leben im Wohnprojekt überhaupt will.

Träumen

»Das eine wenigstens lernte ich bei meinem Experimente: Wenn jemand vertrauensvoll in der Richtung seiner Träume vorwärts schreitet und danach strebt, das Leben, das er sich einbildete, zu leben, so wird er Erfolge haben, von denen er sich in gewöhnlichen Stunden nichts träumen ließ.«

HENRY DAVID THOREAU, »WALDEN ODER LEBEN IN DEN WÄLDERN« (1854)

Je weiter südlich wir auf der Autobahn fahren, desto höher werden die Berge in der Umgebung. Manche Gipfel sind Anfang März noch schneebedeckt. Unser Ziel kündigt sich von Weitem durch ein überdimensionales Holzkreuz auf einem der kleineren Hügel an: Veitsch in der Steiermark, eine christliche Pilgerstätte, war jahrhundertelang vom Bergbau geprägt und sucht nun händeringend neue Ideen gegen die Abwanderung seiner Einwohner. Hierher hat das Wohnprojekt seine Mitglieder zwei Wochen nach dem Großgruppentreffen zu einem Gemeinschaftswochenende eingeladen. Zwei Tage lang wollen wir Zukunftspläne schmieden. Am Programm steht: Träumen. Gemeinsam träumen. Gemeinsam eine Vision für unser Leben im Haus erträumen.

Als wir im Hotel ankommen, trudeln auch die anderen ein. Die meisten Wohnprojekt-Leute sind gemeinsam mit dem Zug gefahren.

Wie eine wilde Bande Nomaden fallen sie mit Sack und Pack, Kind und Kegel in der Lobby ein. Heinz ist gekommen, Physiotherapeut Tom mit seiner Frau Eva ist dabei, ebenso Petra. Auch Markus Zilker ist mit seiner Frau und den beiden Kindern mit von der Partie. »Wie habt ihr das denn geschafft, mit zwei Kleinkindern und dem ganzen Gepäck im Zug?«, frage ich. Er blickt mich erstaunt an: »Das geht ganz einfach. Solltet ihr auch mal versuchen!«

Markus lässt sich in ein Sofa fallen, während sein Ältester kreuz und quer durch das Foyer fegt. Ich setze mich neben ihn und erinnere mich, dass er bei unserem Bewerbungsgespräch die Visionen des Wohnprojekts Wien angeschnitten hat. »Haben wir nicht schon eine Vision für unser Haus?«, frage ich. Er nickt und zählt mir wie aus der Pistole geschossen die drei Visions-Sätze auf:

Individualität in Gemeinschaft.
Kommunikative Architektur.
Keimzelle der Nachhaltigkeit.

»Auf diese drei Gedanken haben wir uns damals in der Gründergruppe verständigt«, erzählt Markus. Schöne Sätze sind das, denke ich. Warum eine neue Vision erfinden, wenn die bestehende gut ist?

Jedes Projekt – ob eine Geschäftsidee oder ein Kollektivbau – beginnt bei der Idee eines einzelnen Menschen. Beim Wohnprojekt Wien war es Heinz Feldmann, der den Traum vom Gemeinschaftshaus als Erster träumte. Viele Visionen bleiben am Weg zur Verwirklichung genau an diesem Punkt stecken. Der entscheidende nächste Schritt ist, anderen Personen von seinem Traum zu erzählen. Heinz tat das und legte damit den Grundstein für dessen Erfüllung. Laut dem australischen Organisationsentwickler John Croft, dessen »Dragon Dreaming«-Methode weltweit bei verschiedensten Gemeinschaftsinitiativen zum Einsatz kommt, setzen sich Menschen nur dann voll und ganz für ein Projekt ein, wenn sie sich hundertprozentig damit identifizieren. Für eine Gruppe heißt das, dass alle Mitglieder ein Projekt als gemeinsamen Traum begreifen müssen. Und das funktioniert nur dann, wenn die Visionen von Einzelpersonen sterben, sodass die Visionen der Vielen geboren werden können. Wenn ich es richtig verstehe, dann werden an diesem Wochenende die Träume von Heinz und den anderen Gründerinnen und Gründern begraben. Und unser aller großer, gemeinsamer Traum vom Haus beginnt.

* * *

Nein, nicht schon wieder, denke ich, als ich am nächsten Morgen pünktlich um halb zehn mit Clemens und Theo zum Seminarraum des Hotels gehe: Vom Gang aus höre ich jemanden Gitarre spielen. Clemens geht mit dem Baby im Arm in den Raum. Ich zögere und bleibe schließlich davor stehen. »Guten Morgen«, lausche ich einer Stimme von drinnen. »Um richtig munter zu werden, singen wir alle im Kanon das nordafrikanische Lied ›La muna minde es salam‹.« Gitarrengeklimper und Gesang setzen ein. Nach wenigen Augenblicken stürmt eine Frau kopfschüttelnd zur Türe heraus und tippt dabei etwas ins Smartphone. »Das Singen kann mir gestohlen bleiben«, schimpft sie und rückt ihre Brille zurecht. »Wer denkt sich diese Zwangsbeglückung bloß immer aus?« Ich grinse. »Bin ich froh, dass ich nicht die Einzige bin, der das nicht gefällt!«, sage ich. »Das mögen andere auch nicht, aber die machen trotzdem mit«, antwortet sie. Sie stellt sich als Michaela vor. Da stürzt Clemens mit dem weinenden Theo heraus. »Er fühlt sich drinnen nicht wohl. Was soll ich machen?«, fragt er. Ich schlage ihm vor, mit dem Baby spazieren zu gehen. »Aber ich will auch mitmachen bei der Visionsfindung«, meint er. Mir fällt keine andere Lösung ein. »Ich habe zwar keine Kinder«, meint Michaela, »aber die anderen Eltern handhaben es auch so, dass sich immer einer um die Kinder kümmert. Zumindest um die Kleinen, für die Größeren gibt es eine Betreuung.« Clemens zieht beleidigt ab, Michaela und ich gehen in den Seminarraum.

»Ich möchte euch warnen«, sagt der Moderator, nachdem die Gesänge verstummt sind. Er ist Organisationsberater und wohnt in einem anderen gemeinschaftlichen Wohnprojekt. »Eine Vision für das Zusammenleben von hundert Menschen zu entwerfen, ist schwierig. Jeder hat andere Vorstellungen.« Er bittet uns, spontan zu beschreiben, wie das Leben im neuen Haus sein könnte. Mir schießt sofort ein Bild in den Kopf, an das ich schon öfter dachte: Theo dreht auf seinem Rad mit seinen Freunden ein paar Runden ums Haus, während ich mit Nachbarinnen in einem Liegestuhl sitze und Kaffee trinke.

Dann lädt uns der Moderator zu einer Fantasiereise ein: Wir sollen die Augen schließen und imaginieren, wie sich das Leben in unserem Haus nach dem Einzug anfühlt. Ich bin neugierig, ob dieser Anweisung wirklich alle vierzig Leute im Raum folgen, und lasse meine Augen noch ein paar Sekunden offen. Ja, tatsächlich, jeder tut es! Ich bin die Letzte, die ihre Augen zumacht. Träumen, sage ich mir, jetzt! Mir kommen Erinnerungen an eine Reise nach Indien in den Sinn. Ich denke an eine Taxifahrt in der Morgendämmerung, um zum Taj Mahal zu gelangen. Nebel lag über dem Boden, und während wir auf einer lang gezogenen Landstraße dahinrollten, ging die Sonne auf. Sie war ein riesiger roter Ball, der die Felder und Äcker in ein märchenhaftes Licht tauchte. Ich öffne meine Augen. Mir ist rätselhaft, wie aus diesem Indien-Gefühl, das ich plötzlich stark in mir spüre, jemals eine Vision für unser Haus werden soll.

Der Moderator möchte nun, dass wir unsere inneren Bilder zu Papier bringen, und er stellt Körbe mit Stiften und Zeichenblöcke in den Kreis. Wir sollen uns jeweils mit der Person rechts neben uns ein großes Blatt Papier teilen. Neben mir sitzt Tom. Ich muss die Zähne zusammenbeißen, darf nicht erst überlegen, was ich hier mache, sonst kommen gleich wieder meine Zweifel auf. Ich greife zu den Farben und zeichne auf der einen Seite einen Sonnenaufgang. Nun müssen wir unserem Gegenüber erzählen, welche Gefühle das Bild in uns hervorruft. »In Indien war alles so laut, bunt und quirlig. Das Leben war so nah, ich habe mich so verbunden mit anderen Menschen und mir selbst gefühlt«, versuche ich es. Tom zuckt mit den Achseln. Er hat eine Rose mit einem Auge darin gemalt. Ich betrachte sein Bild. »Mir ist nichts anderes eingefallen«, sagt er. »Ich hab' deine Sonne angesehen, und dann ist mir diese Blume in den Sinn gekommen.«

Als ich Clemens in der Mittagspause treffe, ist er noch immer verärgert. Er hat den ganzen Vormittag damit zugebracht, mit dem Kinderwagen mehrere Runden im Dorf zu drehen, um Theo zum Schlafen zu bringen. Wir sehen uns gemeinsam alle Zeichnungen an. Der Moderator hat sie feinsäuberlich am Boden aufgelegt. Es sind Bilder mit vielen Blumen, Spiralen, Wolken, Herzen, Sonnen, Wurzeln, Menschen. Irgendwo steht das Wort »Stille« geschrieben. Bei einem Bild bleibt mein Blick hängen: ein Schornstein, aus dem Süßigkeiten und Eis aufsteigen. Offenbar hat es ein Kind gemalt, das sich vom Leben im Wohnprojekt viele Schleckereien erhofft. »Die Visionsfindung wird ohne mich über die Bühne gehen«, knurrt Clemens. »Ich habe kein Bild gemalt und werde deswegen vermutlich gar nicht mehr einsteigen können.« Er quetscht Theo in den Overall und legt ihn zurück in den Kinderwagen. »Wenn ich gewusst hätte, dass ich den ganzen Tag Babysitter spiele, statt meine Visionen einzubringen, hätte ich gleich zu Hause bleiben können«, sagt er und steuert den Wagen Richtung Ausgang.

Der Moderator hat mittlerweile die nächste Aufgabe erteilt: Wir sollen in einer größeren Runde Wohnqualitäten in unseren Bildern aufspüren und diese notieren. Bei uns kommen Schlagwörter heraus wie: Dorf in der Stadt sein; Experimentierfeld für soziales und ökologisches Zusammenleben; Geborgenheit in der Gemeinschaft; füreinander da sein; offen sein für unser Quartier. Meine eigene Zeichnung fasse ich so in Worte: Spielraum und Entfaltungsmöglichkeiten nach innen und außen schaffen. Dann weist uns der Moderator an, das Aufgeschriebene in Themenbereiche zu ordnen. Das fällt uns schon schwerer, weil sich in unserer Gruppe eine lange Diskussion über einzelne Wörter und Bedeutungen entspinnt. Vor allem beim Wort »Nachhaltigkeit« stellt sich heraus, dass jeder etwas anderes darunter versteht: Eine Nachbarin ist der Meinung, dass Nachhaltigkeit in einem Hausprojekt gleichzusetzen sei mit Grün, also Pflanzen, Gemüse, Gärten. Tom ist der Ansicht, dass damit natürliche Baumaterialien gemeint sind, und ich finde, dass sich nachhaltiges Wohnen auf unseren gesamten Lebensstil beziehen soll – wenn wir schon »eine Keimzelle der Nachhaltigkeit« sein wollen, wie es die Gründer formuliert haben, dann in allen Lebenslagen!

Der Moderator zeigt auf die Uhr. Fünf Minuten noch. Wir haben viel zu lange debattiert, ohne neue Visions-Sätze gefunden zu haben. »Macht nichts«, sagt er. »Ihr seid trotzdem sehr weit gekommen, gratuliere euch!« Den Rest der Arbeit, also das Ausformulieren der Visionen, werden ein paar Wohnprojekt-Leute zu Hause abschließen. Sie haben sich in einer Projektgruppe namens »Visionsfindung« zusammengeschlossen und werden die Essenz der Plakate in ausformulierte Visionen packen.

Clemens ist beim Abendessen wieder besser gelaunt. Er hat den Nachmittag mit einem Nachbarn namens Jan und dessen kleinen Sohn verbracht. Sie sind gemeinsam zum Holzkreuz auf den Hügel gewandert. »Jan hat gemeint, dass die Eltern im Wohnprojekt immer wieder stöhnen, wie schwer Kleinkinder und Großgruppe unter einen Hut zu bringen sind«, resümiert er das Gespräch. Nach dem Abendessen gehen wir drei auf unser Zimmer in den ersten Stock. Ich kuschle mich zu Theo ins Bett, und während er langsam einschläft, fallen auch mir die Augen zu. Ich bin hundemüde. Im Halbschlaf höre ich Stimmen und Gelächter von unten. »Sollen wir noch mal hinuntergehen?«, frage ich Clemens. Er döst neben mir. Es kommt mir seltsam vor, dass wir alleine hier oben sind, während die anderen den Abend gemeinsam verbringen. »Ich will nicht«, stöhnt Clemens und dreht sich im Bett um.

In diesem Moment habe ich so etwas wie eine Mini-Vision vom künftigen Zusammenleben in unserem Haus: Unsere Zimmer hier im Hotel sind wie unsere Wohnungen; der Speisesaal unten entspricht unserer Gemeinschaftsküche. Von den Privatwohnungen aus hört man das Gemurmel der Nachbarn. Am liebsten würde ich die Geräusche ausblenden und schlafen. Doch dann steigt Neugier auf: Was passiert unten? Wer redet mit wem? Und worüber? Fehlen wir den anderen? Ich halte den Gedanken kaum aus, etwas zu versäumen. »Wir sollten hinuntergehen«, sage ich schließlich, obwohl mein Körper mir das Gegenteil anzeigt.

Eine halbe Stunde später sitzen Clemens und ich mit den anderen unten und trinken Bier. Eine etwas ältere Nachbarin macht einen Witz nach dem anderen. Es ist so lustig, dass ich vor Lachen weinen muss. Dann setzen wir uns mit ein paar Leuten auf gemütliche Sofas. Eva und Tom sind dabei, Jan mit seiner Frau Nadine. Auch Roberta und Michaela. Ich komme mit ihnen ins Gespräch und stelle fest, dass Roberta im Gegensatz zu meinem ersten Eindruck sehr nett ist. Ihr wiederum ist es immer noch unangenehm, wie sie Clemens und mich beim Großgruppentreffen begrüßt hat. Der Abend ist unterhaltsam und locker – vielleicht, weil Singen, Tanzen und Malen nicht vorkommen. Dazwischen spielen wir mehrere Partien Tischfußball. Ich fühle mich wie in einem alten Freundeskreis. Nach Mitternacht gehen wir zu Bett. Am nächsten Tag steht schließlich noch Wandern für alle am Programm.

Wenn die Stimmung später im Haus nur annähernd so erfreulich ist wie an diesem Abend, dann könnte das Zusammenleben im

Wohnprojekt ja doch ganz nett werden. Meine Zweifel sind aber trotzdem noch da.

Reden

»*Man lernt so viel, wenn man still ist und zuhört.*«
SYLVIA PLATH, AMERIKANISCHE SCHRIFTSTELLERIN (1932–1963)

Meine Freundinnen ziehen mich neuerdings mit einer lustig gemeinten Frage auf. Es ist eine Abwandlung eines Werbespruchs des Möbelriesen Ikea. Sie lautet: »Wohnst du schon oder diskutierst du noch?« Sie haben recht: Baugemeinschaften haben einen enormen Redebedarf. Und auch das habe ich mir nicht besonders gut überlegt, bevor ich ins Wohnprojekt kam: Ich habe kein Sitzfleisch, und ich mag es nicht, vor Publikum zu sprechen. Sitzungen sind für viele Menschen – dazu zähle ich mich selbst – ein rotes Tuch. Stunden verbringen wir in Konferenzen, Meetings und Jours fixes, die keinerlei Output für uns haben. Wir dürfen den Monologen unserer Führungskräfte lauschen, und auch wenn wir gefragt werden, entscheidet der Chef am Ende ohnehin, wie er will. In Plenarsitzungen von Vereinen ist das Ganze noch mal verschärft: Es reden sechzig Leute durcheinander – und nach einer Stunde hat keiner eine Ahnung, worum es überhaupt geht.

So wie in der *Sargfabrik* in Wien-Penzing. Mir fällt ein Film über dieses Haus in die Hände. Er heißt »Leben in der Sargfabrik« (von Alexander Dworschak, Michael Rieper und Christine Schmauszer) und zeigt ungeschminkt, wie in manchen Wohnprojekten kommuniziert wird. Die 160 Erwachsenen (und fünfzig Kinder) brauchten ganze acht Jahre für die Planung und den Bau ihres Haues. 1996 wurde die *Sargfabrik* eröffnet. Im Film sind alte Aufnahmen der Gruppe zu sehen. In einer Szene erzählt eine Frau, dass sie sich eine Bank neben dem Spielplatz gewünscht hatte – es dauerte zwei Jahre, bis die Gruppe sich auf eine geeignete Sitzmöglichkeit einigte. An einer anderen Stelle sitzen die Leute im Kreis zusammen, überall stehen

Bierflaschen herum. Sie reden auf eine Frau ein, die Bedenken hat, behinderte Menschen in der *Sargfabrik* aufzunehmen. Nach ein paar Augenblicken schreien alle quer durch den Raum. Später im Film kommt eine andere Frau vor, die der Runde mehrmals beide Stinkefinger entgegenstreckt, ihre Zunge zeigt und brüllt: »Ihr macht mich total fertig, ich könnte gleich heulen. Wir reden eine halbe Stunde über dieses Thema – fünf Minuten sollte es dauern!«

Baugemeinschaften sind eben keine Kuschelgruppen. Was wird mich beim Wohnprojekt Wien bloß erwarten? Ich darf gar nicht darüber nachdenken, sonst tauchen gleich wieder meine Bedenken auf.

Inzwischen habe ich mich entschlossen, bei der Finanz-Gruppe mitzumachen. Eva Maria, die Frau mit dem »Mein Lebensstil rettet die Welt«-T-Shirt, hat mir bei unserem ersten Großgruppentreffen vorgeschwärmt, wie effizient die Truppe arbeite. Zahlen sprechen eben für sich, denke ich – da gibt es vielleicht gar nicht so viel zu diskutieren, was mir sehr entgegenkommen würde. Es ist Ende März, ein paar Wochen nach unserem Einstieg ins Wohnprojekt, als ich zum ersten Mal bei einem Finanz-Treffen teilnehme. Es findet in einem Hinterzimmer von Markus Zilkers Architekturbüro statt. Der Raum dient als Vereinssitz des Wohnprojekts Wien. Als ich eintreffe, steht Heinz Feldmann vor einem Flipchart und notiert in großen Lettern die Agenda für heute: Mietkalkulation; Ausstieg aus dem Wohnprojekt; Steuerberaterin; Gemeinnützigkeit und Wohnprojekt-Stunden. Eva Maria schenkt Tee ein, und Erich, der Moderator vom Großgruppentreffen, platziert Knabbereien auf einem Teller. Am Tischende sitzt Klaus und packt seinen Computer aus. Der Philosoph leitet die Arbeitsgruppe und protokolliert jede Besprechung. Als wir alle um den Tisch herum Platz genommen haben, geht die Türe nochmals auf, und Alexander stürmt herein. »Sorry für die Verspätung, ich bin erst vor einer halben Stunde von einem Filmdreh im Ausland zurückgekommen«, sagt er und setzt sich keuchend neben mich. Heinz bleibt vorne am Flipchart stehen. Er ist heute der Moderator und beginnt mit einer »Ankommensrunde«. Er wendet sich zu mir und erklärt: »Jeder kann kurz erzählen, wie es ihm geht.«

Heinz nimmt einen dicken, knorrigen Ast, der nun als »Redestab« reihum durch die Runde geht. Es spricht immer nur derjenige, der den Redestab in Händen hält. Die anderen hören währenddessen zu.

Ich bin als Letzte dran. Ich umklammere das Ding fest mit meiner feuchten Hand. Es ist erstaunlich angenehm, sich an dem Ast festzuhalten; er gibt mir ein wenig Sicherheit. Die anderen schauen mich erwartungsvoll an. »Ich bin ein bisschen aufgeregt und muss mich erst noch in der Arbeitsgruppe einfinden«, sage ich und gebe den Redestab schnell an Heinz zurück. »Schön, dass du hier bist, Barbara. Wir freuen uns über jedes tatkräftige Mitglied.«

* * *

Viele ältere Wohnprojekte wie die Sargfabrik starteten mit dem Anspruch, basisdemokratisch zu entscheiden. Das bedeutet, dass jeder Beschluss im Konsens zustande kommen soll – alle müssen übereinstimmen. Es wird so lange diskutiert, bis jeder seine Argumente vorgebracht und die der anderen verstanden hat. Die Leute, die gut im Reden, im Argumentieren und im Auftreten sind, können sich in der Basisdemokratie tendenziell leichter Gehör verschaffen. Am Beispiel der Sargfabrik sieht man, wie mühsam das teilweise war. Und in der praktischen Umsetzung wurde offensichtlich, dass die hohen theoretischen Ansprüche gar nicht erfüllt werden konnten. Bei der Sargfabrik lief es so, dass nach stundenlangen Diskussionen gegen Mitternacht jene verschwanden, die am nächsten Tag zur Arbeit gehen oder Kinder betreuen mussten. Der Beschluss wurde dann erst recht von den Wenigen getroffen, die bis drei Uhr früh durchgehalten hatten.

Die nervenzehrenden Diskussionen unter den Gruppenmitgliedern – oder treffender: Mitstreitern – wollen sich die Wohnprojekte der jungen Generation ersparen. Bevor sie zu großen Entscheidungen schreiten, entwickeln viele Gruppen ganz bewusst zu Beginn eines Projekts erst einmal eine gute Kommunikationskultur. Hat sich nämlich ein gewisser Redestil eingeschliffen, ist dieser im Nachhinein nur schwer zu verändern. Außerdem müssen sie lernen, zügig Entscheidungen zu treffen und mit einer Stimme nach außen zu sprechen. Es gibt eine ganze Palette an zeit- und energiesparenden Methoden, die sich für Gemeinschaftshäuser gut eignen. Werkzeuge wie indianische Redekreise, systemisches Konsensieren, Counseling, Gemeinschaftsbildung nach Scott Peck oder gewaltfreie Kommunikation kommen heute zum Einsatz. Diese Methoden können auch unterschiedlich kombiniert werden.

In der einen oder anderen Form sind die meisten Wohnprojekte in Arbeitsgruppen organisiert. Sogar die *Sargfabrik* hat angesichts des hohen Entscheidungsdrucks während der Bauzeit die hehren Ziele der Basisdemokratie adaptiert und ist heute in Arbeitsgruppen aufgeteilt. Für die Etablierung einer Organisationsstruktur greifen viele Projekte auf Beratung durch erfahrene Experten zurück. »Es ist ähnlich wie in der Montessori-Pädagogik: Der externe Berater stellt der Gruppe eine vorbereitete Umgebung mit verschiedenen Kommunikations- und Organisationswerkzeugen zur Verfügung, bis die Gruppe ihre eigene Form gefunden hat«, sagt Gernot Tscherteu, Gründer des Beratungsunternehmens *realitylab* in Wien und Mitinitiator des Gemeinschaftshauses *Seestern* in der Wiener Seestadt Aspern.

Das Wohnprojekt Wien hat sich – so wie viele andere Projekte – sehr früh für eine Organisationsstruktur entschieden, die ursprünglich aus den Niederlanden kommt: die Soziokratie. Entscheidungen werden dabei nicht (wie in der Basisdemokratie) im Konsens getroffen, sondern im *Konsent*. Das Wort Konsent stammt aus dem englischen Sprachraum und bedeutet »kein Widerstand«, Einverständnis, Zustimmung. Diesem Prinzip folgend wird eine Entscheidung gefällt, wenn niemand mehr begründete Einwände gegen einen Vorschlag vorbringen kann. Es geht nicht darum, den für alle perfekten Beschluss zu fassen, sondern mit einer Entscheidung leben zu können. Die Latte liegt also viel niedriger – und das macht die Entscheidungsfindung wesentlich effektiver.

Die Soziokratie geht bis ins 19. Jahrhundert zurück. In der heutigen Ausprägung ist sie eine Weiterentwicklung des Niederländers Gerard Endenburg: Nach seinem Studium der Elektrotechnik und Radartechnologie übernahm Endenburg 1968 das Unternehmen seiner Eltern, das elektronische Anlagen für Hochseeschiffe herstellte. Der junge Firmeninhaber verfolgte die Idee, all seine Mitarbeiter in die Entscheidungsfindung miteinzubeziehen und ein System von Gleichwertigkeit, Transparenz und Gewinnbeteiligung zu etablieren. So verordnete er seiner Firma ein selbst entwickeltes Modell der Soziokratie: Nicht Position und Titel sollten entscheiden, sondern Argumente. Ende der Siebzigerjahre geriet die in Rotterdam beheimatete *Endenburg Elektrotechniek* in Not, weil die niederländische Schifffahrtsindustrie wegen der Konkurrenz japanischer Schiffsbauer stillgelegt wurde. Der leitende Kreis des Unternehmens, dem Endenburg angehörte, sah sich gezwungen, sechzig Mitarbeiter zu entlassen. Als sich diese Nachricht herumsprach, hatte ein Mechaniker, der in einer anderen Abteilung arbeitete, die rettende Idee: Die von der Kündigung bedrohten Ingenieure, Monteure und Elektroniker sollten eine Verkaufsschulung erhalten und Aufträge aus anderen Branchen an Land ziehen. Und siehe da, nach sieben Monaten waren die Auftragsbücher wieder voll – der Mechaniker hatte seine Kollegen vor dem Rauswurf bewahrt und Endenburg einen Beweis für das Funktionieren der Soziokratie geliefert. In den Niederlanden haben in den vergangenen Jahren an die hundert Unternehmen die Soziokratie (oder Elemente davon) eingeführt.

Die Grundstruktur einer soziokratischen Organisation besteht aus sogenannten Kreisen. Das sind die Mitarbeiter einer Abteilung (bei Unternehmen) oder die Mitglieder einer Arbeitsgruppe (bei Wohnprojekten). Diese Kreise knüpfen an die Tradition der runden Tische (im Englischen: *Round Tables*) an, eine Diskussion unter Gleichberechtigten. Eine solche Runde war auch die berühmte Tafelrunde der Sagengestalt König Artus, bei der seine Ritter ohne Statusverlust diskutieren und Streitigkeiten austragen konnten. Die Versammlungen der Kreise sind für maximal fünfzehn bis zwanzig Personen ausgerichtet. Das Wohnprojekt Wien hat acht verschiedene Arbeitsgruppen. Es gibt jeweils eine für Finanzen und Recht, Architektur, Freiraum, Gemeinschaft, Öffentlichkeit, Nachhaltigkeit, Organisation und Solidarität. Die meisten Entscheidungen fallen direkt in den Arbeitsgruppen. Weitreichende Beschlüsse, die alle Mitglieder betreffen, werden in die Großgruppe getragen. Allerdings ist die Form der Großgruppe in der reinen Lehre der Soziokratie nicht vorgesehen – hier hat das Wohnprojekt seine soziokratische Grundstruktur um hilfreiche andere Methoden erweitert.

Damit die Kreise auch gut zusammenarbeiten, hat die Soziokratie das System der doppelten Koppelung erfunden: Jede Arbeitsgruppe hat einen Leiter und einen Delegierten. Diese beiden Personen gehören dem jeweils nächsthöheren Kreis an und gewährleisten, dass Informationen zwischen diesen beiden Ebenen fließen. Das Wohnprojekt

Wien hat als »höheres« Gremium den sogenannten Leitungskreis, der aus den Leitern und Delegierten der Arbeitsgruppen besteht. Dieser dient als Abstimmungs- und Entscheidungsgremium zwischen den Arbeitskreisen. Im Wohnprojekt Wien steht es den Hausbewohnern frei, welcher Arbeitsgruppe sie sich anschließen. »Die Soziokratie eignet sich zur Beschlussfassung. Für die Gemeinschaftsbildung braucht es aber andere Formen – das Gemeinschaftsleben soll sich nicht ausschließlich in den Arbeitsgruppen abspielen«, meint Barbara Strauch, Soziokratie- und Gemeinschaftsexpertin in Wien.

* * *

Clemens hat nicht lange überlegt, welcher Arbeitsgruppe er sich anschließt. Für ihn kam eigentlich nur eine infrage: Freiraum. Dort geht es um die Gestaltung unserer Gärten und Terrassen. Ich wiederum bin gespannt, welche Themen in der Finanzgruppe auf mich zukommen.

Bei meinem ersten Treffen entpuppt sich schon Punkt eins, den Heinz unter dem Stichwort »Mietkalkulation« am Flipchart notiert hat, als große Sache: Es geht um glatte 100 000 Euro. So viel fehlt noch für die volle Finanzierung der Sauna am Dach, der Gemeinschaftsküche und der Veranstaltungsräume. Wenn diese Flächen gebaut werden sollen – schließlich sind sie den Bewohnern versprochen worden –, braucht das Architekturbüro von Markus Zilker in den nächsten Tagen ein Okay aus der Finanzgruppe. Das bedeutet: Die Gruppe muss hier und jetzt entscheiden, ob sie die Sauna, die Küche und die Veranstaltungsräume ohne vorläufige Finanzierung in Auftrag geben will.

Eine Diskussion beginnt, viele Fragen tauchen auf. Heinz beantwortet eine nach der anderen. Nach ein paar Minuten hebt er den Redestab hoch: »Meinungsrunde, bitte!« Nun wandert das Holz wieder der Reihe nach jeden Einzelnen durch. Jeder sagt, was er sich zum fehlenden Budget denkt und wie er sich entscheiden würde. Alexander meint: »100 000 Euro sind in Relation zu den zehn Millionen Euro Gesamterrichtungskosten Peanuts. Die Finanzierung werden wir sicher schaffen.« Als Nächstes ist Eva Maria dran. Sie meint mit finsterem Blick: »Im schlimmsten Fall bestellen wir eine Sauna, für die uns die Bank kein Darlehen gibt. Dann muss jeder Bewohner etwas nachzahlen. Dieses Risiko können wir nicht verantworten.« Am Ende bin ich an der Reihe. Ich fühle mich nicht in der Lage, eine Entscheidung über eine solche Summe zu treffen. »Ich bin überfordert. Ich habe dazu keine Meinung«, sage ich. Ich hoffe, die anderen wissen, was sie tun.

Soziokratische Versammlungen, wie jene der Arbeitsgruppe Finanzen, haben eine klar vorgegebene Struktur: Jedes Treffen wird im Vorfeld detailliert vorbereitet. Es werden Agendapunkte gesammelt und die notwendigen Informationen zu den einzelnen Themen eingeholt, sodass während des Treffens eine Entscheidung stattfinden kann. Jedes Treffen startet mit einer Eröffnungsrunde, in der jeder Teilnehmer Persönliches berichten kann – wird das nicht gemacht, gleiten Treffen oft in privates Geschwätz ab, weil dem Bedürfnis nach Persönlichem kein Raum eingeräumt wurde. Anschließend wird das Organisatorische geregelt: Wie lange soll das Treffen dauern? Welche Themen müssen unbedingt heute besprochen, welche könnten auf die nächste Sitzung verschoben werden? Jedes Treffen wird mittels eines Protokolls dokumentiert und auf einer internen Online-Plattform abgelegt, sodass alle darauf zugreifen können. Bei soziokratischen Kreisen gibt es außerdem immer einen Moderator. Falls er aus der Runde der Teilnehmer kommt, also ein Mitglied mit Eigeninteresse ist, darf er während der Moderation nicht seine eigene Meinung einbringen.

Diskussionen in Kreisversammlungen laufen so, dass zunächst alle Fragen zu einem Thema geklärt werden. Dann können die Teilnehmer der Reihe nach ihre Meinung sagen, während die anderen zuhören, ohne zu unterbrechen. Jede Meinung ist gleich viel wert, niemand wird übergangen. Das garantiert, dass wirklich jeder gehört wird. Wenn Gegenargumente auf der Zunge brennen, ist es manchmal schwierig, so lange still zu sein, bis man dran ist – durch den Zwang zum Zuhören gewinnen die Kreismitglieder aber oft neue Erkenntnisse. Nach der ersten Meinungsrunde schließt gewöhnlich eine zweite an, weil sich Ansichten durch aufmerksames Zuhören ändern. Am Ende dieses Meinungsbildungsprozesses ist der Moderator gefragt. Er formuliert aus dem Gesagten einen Vorschlag, den er »zum Konsent« stellt. Wenn niemand einen schwerwiegenden

Einwand hat, der begründet werden muss, gilt der Vorschlag als angenommen. Eine Abstimmung durch Mehrheiten würde natürlich schneller eine Entscheidung bringen. Doch ein Teil der Anwesenden würde dabei immer verlieren – und das ist für die gesunde Entwicklung einer Gruppe nicht vorteilhaft.

Moderator Heinz lässt in unserer Finanz-Besprechung den Redestab ebenfalls noch ein zweites Mal durchreichen. Im Laufe der Runde kristallisiert sich der Gedanke eines Teilnehmers als gangbare Lösung heraus. Am Ende fasst Heinz zusammen: »Falls wir keinen Bankkredit für die Sauna, die Küche und die Veranstaltungsräume bekommen, werden wir eine Finanzierung durch private Darlehen anstreben. Es haben sich in den letzten Monaten zwei Privatleute gemeldet, die Geld leihen könnten. Darum stelle ich nun folgenden Vorschlag zum Konsent: ›Wir beauftragen die Arbeiten für die Gemeinschaftsflächen.‹ Gibt es dagegen einen schwerwiegenden Einwand?« Alle verschränken ihre Hände vor der Brust, was als Zeichen des Einverständnisses gilt. Konsent – Vorschlag angenommen. Es hat keine 45 Minuten gedauert und über die 100 000 Euro ist entschieden. Kein Streit, kein Schreien. Wow!

Planen

»Die Krankheit unserer heutigen Städte und Siedlungen ist das traurige Resultat unseres Versagens, menschliche Grundbedürfnisse über wirtschaftliche und industrielle Forderungen zu stellen.«
WALTER GROPIUS, DEUTSCHER ARCHITEKT (1883–1969)

Ich fühle mich wie als Kind zu Weihnachten. Ein lang ersehnter Wunsch wird Wirklichkeit: Immer wieder hole ich das A4-Blatt mit dem Grundriss unserer neuen Wohnung hervor. Ich fahre mit dem Finger die Linien entlang, studiere jeden Raum. Am Plan sind eine große Wohnküche, zwei Zimmer, Bad, WC, Abstellkammer, Vorraum und zwei Balkone eingezeichnet. Insgesamt 93 Quadratmeter Wohnfläche. Die Wohnung liegt im fünften Stock. Durch einen architektonischen Einschnitt im Haus scheint die Sonne von drei Seiten hinein. Die Böden sind aus Linoleum; wer will, kann für Holz aufzahlen. Es ist die perfekte Wohnung!

Und das Beste kommt noch: Der Entwurf seitens der Architekten ist nicht abgeschlossen. Daher können Clemens und ich noch unsere Wünsche kundtun. Architekt Markus besucht uns deshalb an einem heiteren Frühlingstag 2012 in unserer Altbauwohnung am Radetzkyplatz, um sich ein Bild zu machen, wie wir derzeit leben. Wir drängen uns mit ihm um den kleinen Küchentisch, ich habe einen Marmorgugelhupf gebacken und Kräutertee gemacht. Welche Räume besonders wichtig für uns seien, fragt er.

»Wir kochen sehr oft, vor allem seit Theo auf der Welt ist«, antworte ich. »Unser Essplatz sollte größer sein als jetzt.« Dann drehen wir eine Runde durch die Wohnung. In der Diele bleibt Markus stehen und betrachtet ein vier Meter langes Regal, das mit Skiausrüstung, Surfbrett, zwei Fahrrädern, Werkzeug und einem Akkordeon vollgestopft ist. »Ihr braucht viel Stauraum«, stellt er fest und vermerkt etwas in seinem Notizheft. Dann setzen wir uns wieder und gehen gemeinsam den Wohnungsplan durch. Wir beschließen, eines der Schlafzimmer teilbar zu machen, falls wir ein zweites Kind bekommen. Markus legt ein Transparentpapier auf den Grundriss und zeichnet ihn neu. Einer der Balkone wird um zwei Meter verschoben und die Küche etwas vergrößert. Außerdem verkleinert Markus den Gang, um noch eine kleine Abstellkammer einzufügen. »Voilà – so könnte eure Wohnung aussehen«, sagt er. Wir strahlen – es ist wie Weihnachten!

Dass Menschen ihre Wünsche für ihr Daheim äußern können, ist – abgesehen von Eigentumsbauten – nicht üblich. Im Normalfall entwerfen Architekten und Wohnbaukonzerne Häuser für anonyme Durchschnittsmenschen. Sie kennen weder die künftigen Bewohner, für die sie ein Zuhause planen, noch haben sie detaillierte Kenntnisse darüber, wie das umliegende Quartier eines Wohnhauses tickt. Auf das Wissen der Nutzer wird im Planungsprozess verzichtet – sie stören höchstens die Experten bei der Arbeit. Doch Nutzer haben Nutzerwissen, das sie aus dem Gebrauch und dem Erleben von Räumen schöpfen. Sie spüren Atmosphären und kennen die Besonderheiten eines Ortes. Der breiten Architektenzunft dämmert es langsam, dass Bauten durch Mitbestimmung der zukünftigen Nutzer besser werden.

Partizipation – was wörtlich »Beteiligung« bedeutet – ist ganz allgemein ein Grundprinzip der Demokratie: Bürger oder Vertreter einer Interessengruppe erhalten die Möglichkeit, an der Planung ihres gebauten Umfelds teilzuhaben – sei es bei Wohnsiedlungen, öffentlichen Infrastrukturprojekten, ganzen Stadtteilen oder Bildungseinrichtungen. Die seit 2009 laufende partizipative und experimentelle Stadtentwicklung im Hamburger Gängeviertel oder die *PlanBude*-Initiative im Hamburger Stadtteil St. Pauli machen deutlich, dass Bürger Teilhabe einfordern. Denn wenn Menschen bei der Planung ihres gebauten Umfelds mitreden können, steigt die Identifikation mit dem Gebäude, und eine langfristige Nutzbarkeit ist gewährleistet. »Architekten können natürlich versuchen, sich in die künftigen Bewohner hineinzudenken. Aber manches sieht man als Architekt von außen nicht. Es kommt etwas anderes heraus, wenn man mit den künftigen Nutzern gemeinsam nachdenkt«, sagt Susanne Hofmann, Partizipationsexpertin und Gründerin des Architekturbüros *die Baupiloten* in Berlin.

Beim Wohnprojekt Wien können die künftigen Bewohner auf mehreren Ebenen in ihrem Haus mitbestimmen: bei den Gemeinschaftsflächen, den Allgemeinflächen und der eigenen Wohnung. Für die Ausstattung der eigenen Wohnung hat das Architekturbüro deshalb zu einem Workshop in einen gemieteten Veranstaltungsraum in der Innenstadt eingeladen. An einem Nachmittag sollen wir die Lagen der Steckdosen, Lichtschalter und Lichtauslässe festlegen. Außerdem haben die Planer alle möglichen Modelle von Duschen, Waschbecken, Kloschüsseln und Badewannen zusammengestellt, die wir aussuchen können – manche gegen einen Aufpreis.

Wir sitzen in Gruppen von acht Personen an großen Tischen zusammen. Alle brüten über ihren Wohnungsplänen, auch Clemens und ich. Theo schläft in seinem Kinderwagen. Schon mit den Lichtauslässen sind wir überfordert. Wir zeichnen so viele wie möglich in unseren Wohnungsplan ein, um gute Beleuchtung zu haben; sind sogar bereit, Mehrkosten dafür zu tragen. Wir bestellen eine Badewanne, ebenfalls mit Aufpreis. Das WC als Tief- oder Flachspüler? Ich bin zwecks »Analysemöglichkeit« für den Flachspüler, Clemens ist für den Tiefspüler – nichts wie weg damit, ist seine Devise. Wir können uns nicht einigen – nach ein paar Minuten diskutieren alle am Tisch über unser WC. »Bitte zeichne irgendetwas am Plan ein«, sage ich und werfe genervt den Stift auf den Tisch. »Mir ist es so was von egal.« Clemens entscheidet sich für meine Präferenz, den Flachspüler. Theo ist inzwischen aufgewacht und quengelt. Doch wir müssen noch die Steckdosen einplanen. Wohin bloß damit? »Hilfe!«, rufe ich nach ein paar Versuchen durch den Raum. »Wir brauchen einen Architekten!« Markus eilt zu uns an den Tisch. Mit wenigen Strichen hat er mühelos alle Steckdosen verortet.

* * *

Überforderung – das empfinde ich, wenn ich vor meinem Wohnungsplan sitze und Lichtauslässe zeichnen soll. Pioniere in partizipativen Entwurfsverfahren wie der Architekt Ottokar Uhl (1931–2011), der in den 1980er-Jahren mehrere Wohnprojekte in Wien realisierte, sahen Architekten in der Rolle von Moderatoren. Uhl war um eine möglichst weitgehende Selbstbeschränkung des Planers bemüht. Er wählte in den Entwürfen eines Gebäudes die Konstruktion so, dass im Inneren keine tragenden Wände mehr existierten. Das ermöglichte maximale Gestaltungsfreiheit und Spielraum für die Entfaltung baulich-räumlicher Vorstellungen der Nutzer, die den Ausbau selbst bestimmen konnten. Die Berliner Architektin Susanne Hofmann ortet dabei allerdings genau das, was ich selbst gerade spüre: eine Überforderung der Laien. Die wenigsten Nutzer haben eine Ahnung von Architektur, geschweige denn fundierte Kenntnisse von Bauphysik, Statik, Dämmung und Haustechnik. Noch dazu ist die Planung eines Gebäudes ein komplexer Prozess, und Architekten reden in einer Fachsprache, die künftige Bewohner oft nicht verstehen. Partizipation bedeutet ohnehin nicht unbedingt, individuell über die Anordnung der Steckdosen zu entscheiden, sondern eine grundlegende Art der Mitbestimmung.

Überforderung kann allerdings auch seitens der Architekten passieren: Nicht alle Büros sind in der Lage, die Planung mit den vielen Mitgliedern einer Baugemeinschaft zu orchestrieren. Dazu brauchen Architekten eine gewisse Erfahrung und den Willen, sich auf ein komplexes Gruppengefüge einzulassen.

Und die richtigen Methoden. Hofmann plädiert in ihrem Buch »Partizipation macht Architektur« (2014) daher für neue Kommunikationsformen zwischen Nutzer und Architekt, nämlich: die Verständigung über Raumatmosphären. In ihrer Arbeit kommen Instrumente zum Einsatz, die eine emotional-spielerische Wirkung haben, wie lyrische Texte, Bilder, Collagen oder Raum-Traum-Spiele. Der Dialog verläuft über räumlich-atmosphärische Qualitäten, die zur Grundlage eines abstrakten architektonischen Konzeptes werden. Darauf aufbauend entsteht der architektonische Entwurf. Auch unser Architekt Markus hat im Vorentwurf – also in der Zeit, als Clemens und ich noch nicht dabei waren – mit solchen Instrumenten gearbeitet. Auch die Fantasiereise am Gemeinschaftswochenende war eine ähnliche Methode.

Nach dem Ausstattungs-Workshop verabrede ich mich mit meinen zukünftigen Nachbarinnen Eva und Nadine auf ein Bier in einer nahe gelegenen Gaststätte. Ich schwärme den beiden von meiner Wohnung vor. »Wie habt ihr die Wohnungen eigentlich vergeben?«, frage ich. Wohnungsvergabe – das ist in vielen Gemeinschaftshäusern ein heißes Eisen, oft verbunden mit Streit, Frust, Ernüchterung. Die meisten Menschen bevorzugen die oberen Stockwerke, Helligkeit, Aussicht. Die Anzahl dieser Wohnungen ist aber natürlich begrenzt. Bei vielen Projekten ist die Vergabe ein Test, wie stark die Gemeinschaft ist: Bis dahin ist alles eitel Wonne, doch sobald es um das eigene Domizil geht, hört sich bei manchen der Gemeinschaftsgedanke auf – Hauptsache, man selbst residiert schön. »Es war enttäuschend, wie manche aus der Gruppe ihr wahres Gesicht gezeigt haben und alle Mittel einsetzten, um eine bestimmte Lage zu bekommen«, erzählt Eva und nimmt einen Schluck von ihrem Bier.

Wie Vergaben möglichst ohne Streit ablaufen, dafür gibt es kein Patentrezept. Manche Projekte lösen es, indem die Gründerinnen und Gründer, die mehr Energie und Zeit in das Haus gesteckt haben, sich als Erste eine Wohnung aussuchen können. Meistens sind dann die besten Unterkünfte ohnehin weg. Die Initiatoren des Wohnprojekts Wien wollten das nicht, weil sie kein Ungleichgewicht in der Gruppe schaffen wollten. Heinz beispielsweise wird in den dritten Stock ziehen – eine ganz ähnliche Wohnung gibt es auch im sechsten Stock, die eine Frau bekommen hat, die viel später ins Projekt einstieg. Andere Gemeinschaftshäuser wiederum staffeln die Miete je nach Wohnungslage: je besser, desto teurer. Auch das lehnten die

Wohnprojekt-Leute ab, weil die schöneren Lagen dann nur Besserverdienenden zugänglich gewesen wären. »Ich finde, wir haben es gut hinbekommen«, widerspricht Nadine. »Ich habe es ganz anders wahrgenommen.« Die Einheiten wurden nach einer Methode verteilt, die sich »Systemisches Konsensieren« nennt: Mit einem System an Widerstandspunkten werden verschiedene Vergabevarianten bei den Bewohnern abgefragt. Die Variante mit den geringsten Widerstandspunkten gewinnt. Dies war nur möglich, weil die Planung des Hauses so flexibel wie möglich gestaltet wurde: Tragende Elemente im Bau sind nur die Außenwände und das Treppenhaus. Die Grundrisse ließen sich dadurch fast beliebig variieren. Einen ganzen Tag dauerte die Vergabe. Für eine einzige Familie passte schließlich die zugeteilte Wohnung aufgrund einer Krankheit nicht, und so wurde das Prozedere wiederholt – nochmals ein Tag Arbeit. Und weil am Ende noch nicht alle zufrieden waren, begannen die Leute, untereinander die Einheiten zu tauschen. »Beim Heimgehen hatte dann tatsächlich jeder eine Wohnung, mit der er glücklich war«, meint Nadine. »Und es war unglaublich schön, dass alle bereit waren, die ganze Vergabe wegen einer einzelnen Familie noch mal durchzumachen. Das war ein großer Solidaritätsbeweis.« Wie gut, Test bestanden!

* * *

Architektur definiert das Zusammenleben – so steht es oft in schlauen Architekturbüchern geschrieben. Was das genau bedeutet, wird mir bewusst, als ich mich zum ersten Mal genauer mit den Plänen für unsere Gemeinschaftsräume beschäftige. Die Voraussetzung für Gemeinschaft ist zunächst die Möglichkeit zum Rückzug: Jeder Mensch hat das primäre Bedürfnis nach Privatheit und Intimität. Kann dieses Bedürfnis räumlich nicht befriedigt werden, weil etwa der Schallschutz in einem Haus schlecht ist und jeder Streit der Nachbarn mitangehört werden muss, dann wird Gemeinschaft als Zwang empfunden und provoziert Aggression. Erst mit einer Rückzugsgelegenheit können sich Menschen ihren Nachbarn zuwenden. Doch nicht im Gemeinschaftsraum in der finsteren Ecke des Erdgeschoßes entsteht Nachbarschaft, sondern am Schnittpunkt von Bewegungen. »Gemeinschaft und Nachbarschaft entstehen zufällig, am Wegesrand. Meistens passiert das bei Tätigkeiten, die sowieso erledigt werden müssen, wie in der Waschküche, im Treppenhaus oder vor dem Briefkasten«, sagt Dietrich Fink, Professor für Städtische Architektur an der Technischen Universität München. Experten sprechen daher oft vom »Zauber des Zwischenraums«. Damit sind die Sphären zwischen Privatem und Öffentlichem gemeint, also Treppenhäuser, Gänge und Eingangshalle. Im konventionellen Wohnbau hat jeder Quadratzentimeter dieser Zwischenräume eine Funktion: Eine Treppe wird aus Kostengründen nicht breiter gemacht, als es die Norm erfordert. Doch mit einer gewissen Größe, entsprechender Beleuchtung und schönen Materialien entsteht Atmosphäre, und dadurch wird aus einem Stiegenhaus ein Raum. Diese Zwischenräume werden bei uns im Wohnprojekt großzügig und offen gestaltet sein – sie sollen zum Verweilen, Spielen und Plaudern einladen. Im Treppenhaus etwa gibt es Sichtachsen zu anderen Stockwerken. Die Wege des Alltags kreuzen sich. »Die Breite einer Treppe ist entscheidend dafür, ob ich stehen bleibe und ein paar Worte mit dem Nachbarn wechsle oder schnell in meine Wohnung husche«, so Dietrich Fink.

Als ich meine drei besten Freundinnen seit Langem wieder in einer Bar treffe, erzähle ich ohne Punkt und Komma vom Wohnprojekt. Von den vielen neuen Menschen, die ich kennengelernt habe, und von meinen Zweifeln. Sie nicken nur und fragen nicht nach. Ich rede weiter, von den Arbeitsgruppen und der Soziokratie. »Sozio-*was* bitte?«, hakt eine der Freundinnen nach. Sie sieht mich an, als hätte ich mir eine ansteckende Viruserkrankung zugezogen. Als wollten sie mir sagen: Bitte verschone uns! Lass uns in Ruhe mit dem ganzen Gemeinschafts-Klimbim!

Ich bin enttäuscht, dass meine drei besten Freundinnen, mit denen ich jahrelang in der WG zusammengelebt und so manche ihrer Verrücktheiten erduldet habe, nicht verstehen wollen, was ich gerade erlebe. Vielleicht *können* sie es nicht verstehen. Es ist ein bisschen so, als hätte ich eine lange Reise in ein fernes Land gemacht und würde nun meine Urlaubsfotos zeigen: Die Gerüche, Geschmäcker und Gefühle kommen meistens nicht rüber. Ich krame den Wohnungsplan hervor und zeige ihnen stolz unsere neuen vier Wände. An diesem Punkt sind sie wieder aufmerksamer. »Nur 93 Quadratmeter? So klein?«, fragt eine der drei.

Das Wohnprojekt Wien hat sich vorgenommen, den Pro-Kopf-Verbrauch an Wohnfläche möglichst gering zu halten. Daher gibt es im Haus siebenhundert Quadratmeter Gemeinschaftsflächen, was 25 Prozent der Wohnflächen entspricht. Im normalen Wohnbau wird dafür üblicherweise weniger als ein Prozent veranschlagt. Ich werde Tätigkeiten aus unserer Wohnung einfach auslagern: Für die Übernachtung der Eltern reserviere ich ein Gästeapartment am Dach, und der Kindergeburtstag wird in der Gemeinschaftsküche gefeiert. Die ökologische Rechnung ist einfach: Je höher die Wohnfläche, desto höher ist auch der Ressourcenverbrauch beim Bau und im laufenden Betrieb für die Heizung.

Auch angesichts der Wohnungsknappheit in vielen Metropolen erhalten die individuell beanspruchten Quadratmeter zunehmend Brisanz. Generell steigt die Individualwohnfläche aber an: In Österreich hat sich seit Anfang der 1970er-Jahre die Wohnfläche pro Kopf fast verdoppelt. Damals hatte jeder Einwohner rund 23 Quadratmeter zur Verfügung, heute sind es 44,3. In Deutschland sind es im Durchschnitt sogar 46,5 Quadratmeter pro Person. Die Umweltorganisation Greenpeace empfiehlt eine Individualwohnfläche von dreißig Quadratmetern pro Person. In Österreich werden derartige Hinweise als unzulässige Einschränkung des persönlichen Lebensbereichs empfunden: Laut einer Befragung von Entscheidungsträgern hinsichtlich ihrer Bereitschaft zur Änderung des persönlichen Lebensstils können sich 95 Prozent einen Umstieg auf regionale und biologische Lebensmittel vorstellen. Hingegen lehnt die Mehrheit eine Einschränkung der individuellen Wohnfläche ab. Die Umfrage stammt von der Österreichischen Gesellschaft für Umwelt und Technik (ÖGUT) und wurde 2011 im Themenheft »Bauen, Wohnen, Nachhaltigkeit« veröffentlicht.

Klein bedeutet aber nicht automatisch weniger Wohnkomfort. Unser Wohnprojekt-Gründer Heinz hat sich entschlossen, den Beweis anzutreten: Im neuen Haus wird er eine der kleinsten Wohnungen mit nur rund 42 Quadratmetern beziehen. Als Sohn eines Tischlers hat er vor, seine Möbel so zu entwerfen, dass sie mehrere Funktionen erfüllen. Das Bett etwa kann mit wenigen Handgriffen zu einem Tagesmöbel umgebaut werden. So ist seine Wohnung untertags Büro, abends gemütlicher Rückzugsort.

Als Vorbild für einen nachhaltigen Umgang mit Wohnraum dient die Schweiz: Viele Wohnbaugenossenschaften haben dort strenge Belegungsvorschriften. So auch die *Kalkbreite* in Zürich. Das Projekt ist eines der derzeit europaweit meistbeachteten Projekte in Sachen Nachhaltigkeit. Engagierte Quartierbewohner und potenzielle Mieter gründeten 2007 eine Genossenschaft, die eine architektonisch spektakuläre Überbauung einer Straßenbahn-Abstellanlage orchestrierte. Auf mehr als 6300 Quadratmetern wurden in einem breit angelegten Beteiligungsprozess der Genossenschafter 97 Wohneinheiten für über 260 Menschen errichtet. Dazu kommen viele Gemeinschaftsflächen. Außerdem hat sich ein kleinteiliges Gewerbe wie Cafés, Büros, Ärzte, kleine Geschäfte und ein Geburtenhaus etabliert. Die Kalkbreite ist ein offener, urbaner Raum. Nichts weniger als »ein neues Stück Stadt«, wie die Genossenschafter selbst betonen.

In der *Kalkbreite* gilt aufgrund ökologischer Überlegungen ein strenges Vermietungsreglement: Das Projekt ist autofrei, das bedeutet, dass niemand ein Auto besitzen darf – außer, man braucht es aufgrund einer körperlichen Beeinträchtigung oder ist beruflich nachweisbar darauf angewiesen. Das wird regelmäßig kontrolliert.

Im Durchschnitt »verbraucht« dort jeder Bewohner rund 31 Quadratmeter Wohnfläche (inklusive eines Gemeinschaftsflächenanteils). Ist die Anzahl der Zimmer einer Wohnung höher als die Anzahl der Bewohner plus eins, gilt die Wohnung als unterbelegt. Spätestens nach zwei Jahren muss, wenn bis dahin keine andere Wohnung in der *Kalkbreite* gefunden wurde, die unterbelegte Wohnung verlassen werden. Klingt hart, ist aber konsequent für ein ökologisches Vorzeigeprojekt. »Unsere Genossenschaft hat viele Denkfreiräume geschaffen. Wir erlauben uns, Dinge einfach auszuprobieren, die anderswo nicht möglich wären«, sagt Sabine Wolf, Sprecherin der *Genossenschaft Kalkbreite*.

Wohnungswechsel sind in der *Kalkbreite* leicht, wenn nicht sogar erwünscht. »Menschen verändern sich. Kinder, Einkommen und Beziehungen sind einem Wandel unterworfen. Warum sollte dann die Wohnungsgröße auf ewig gleich bleiben?«, meint Sabine Wolf. Als Antwort gibt es in der *Kalkbreite* eine riesige Palette an Wohnungstypen, Wohnungsgrößen und neuartigen Wohnformen – für jede Lebenslage ist etwas dabei. Neben klassischen Einzel- und Familienwohnungen sind das beispielsweise Clusterwohnungen: Das sind mehrere kleine Wohneinheiten mit eigener Küche und Bad, die einen großen Gemeinschaftsraum miteinander teilen. Es gibt auch Gemeinschaftswohnungen mit bis zu 17 Zimmern. Dort leben Familien, Alleinerzieher und Singles in einer Art Groß-WG zusammen. Falls die WG sich auflöst, kann die Großwohnung in mehrere kleinere Wohnungen rückgebaut werden. In einer der Groß-WGs lebt Stefan Salzmann mit seiner Frau und seinem Sohn sowie elf anderen Menschen. Über zwei Stockwerke zieht sich die Wohnung – das Wort Wohn-Landschaft passt perfekt. »Wir haben unsere Mitbewohner schon vorher gekannt und in einer Zwischennutzung als WG zusammengelebt. Wegen unserem Kind wollten wir das WG-Leben nicht aufgeben«, erzählt Stefan. »Aber Vermieter wollen keine großen Wohngemeinschaften. In der *Kalkbreite* hingegen wurden wir mit offenen Armen aufgenommen.«

Außerdem haben sich mehr als zwanzig Individualwohnungen, die im Haus verteilt sind, zum sogenannten »Großhaushalt« zusammengetan: In einem großen, lichtdurchfluteten Ess- und Aufenthaltsraum im Erdgeschoß bereitet eine angestellte Köchin unter der Woche ein Abendessen zu einem moderaten Preis zu. Einkauf und Kochen erledigt damit der Großhaushalt – ganz im Sinne der alten feministischen Einküchenhäuser. Die *Kalkbreite* hat sogar eine zusätzliche Wohnform »erfunden«: den »Wohnjoker«. Das sind Zimmer mit 27 bis 29 Quadratmetern mit Dusche und WC, die sich zu einer bestehenden Wohnung temporär einfach dazumieten lassen. Etwa wenn das flügge werdende Kind mehr Abstand braucht, die Schwiegermutter nicht mehr alleine am Land leben möchte oder der frisch verlassene Partner schnell eine neue Bleibe braucht. Flexibler geht's nicht. Und sogar Katzen leben hier flexibel: An den Türen zu den Stiegenhäusern gibt es Klappen – für die zehn »Freigängerkatzen« des Projekts.

Flexibel wohnen und individuell planen – das sind zwei Wunschvorstellungen, die in vielen Wohnprojekten gehegt werden. Und sich leider gegenseitig ausschließen. Die *Kalkbreite* hat einen gleichen Ausbaustandard in allen Wohnungen festgelegt. Damit fallen bei Wohnungswechseln keine hohen Ablösen an, und individuelle Geschmacksverirrungen werden vermieden. Das macht die Wohnungen flexibel. In unserem Wohnprojekt haben wir uns mehr fürs Individuelle und gegen Flexibilität entschieden: Die individuell geplanten Grundrisse sind teilweise sehr speziell, und falls Clemens und ich irgendwann die Wohnung wechseln sollten, können sich unsere Nachmieter über dreißig Lichtauslässe in der Decke freuen, die von uns extra zu bezahlen waren. Ich hoffe, ihnen gefällt es!

Bauen

»Denken Sie nur«, sagt er etwas geheimnisvoll, »da komme ich eines Tages zufällig in ein altes, sehr schönes Wiener Haus. Gleich spüre ich, an diesem Haus muss irgendetwas von Otto Wagner sein. Vielleicht sind es die Proportionen! Ich weiß nicht was. Vielleicht hat er daran nur etwas restauriert? Ich wunderte mich sehr, denn es war ein ganz gewöhnliches, altes Wiener Haus. Als ich Otto Wagner das nächste Mal sah, fragte ich ihn: ›Sagen Sie, haben Sie nicht einmal dort und dort ein Haus gebaut oder umgebaut?‹ ›Nein‹, antwortet er, ›aber welche Nummer hatte denn dieses Haus in der Gasse?‹ Ich nannte die Nummer. Erstaunt rief er aus: ›Wie merkwürdig! In diesem Haus habe ich bis zu meinem zwölften Jahr gewohnt!‹«
ADOLF LOOS, ÖSTERREICHISCHER ARCHITEKT (1870-1933)

Ich glaube, es war bei der Grundsteinlegung auf der Baustelle am Nordbahnhofgelände, damals im Frühling 2012, kurz nach dem Visionswochenende. Das muss der Augenblick gewesen sein, als die Freude über das Wohnprojekt meine Zweifel endgültig besiegte.
»Ich hatte noch nie so eine Baustelle wie diese. Das Zusammenleben muss sehr schön werden, wenn sich die Bewohner schon vorher kennen«, sagte der Herr mit Bauhelm auf dem Kopf, ein Vertreter der Baufirma *Universale*. »Glück auf!« Er hob sein Glas Wein. »Prost!«, riefen wir ihm zu.

Fast alle waren hier. Ich kam mit Theo. Ein paar Nachbarn schnürten einen Geschenkkorb für die Bauarbeiter und schrieben in Polnisch und Serbokroatisch Dankesworte dazu. Außerdem packten sie ein Blatt Papier in eine kleine Plastikrolle, die in den Boden unseres Hauses eingemauert werden sollte. Auf dem Blatt stand unsere Vision geschrieben – ein Satz, nämlich »Das gute Leben wagen«, war nach dem Visionswochenende zu den bestehenden drei Sätzen noch dazugekommen. Die Chefin des Bauträgers stopfte unsere Vision in einen kleinen Spalt und klatschte eine Kelle Zement darauf. Applaus. Pfeifen. Jubelschreie. Wir fielen uns in die Arme. Ich umarmte sogar Leute, mit denen ich vorher noch nie ein Wort gesprochen hatte. Der Grundstein unseres neuen Hauses war gelegt!

Wenn ich ehrlich bin, hatte ich damals keinen blassen Schimmer, was es bedeutet, ein Haus zu bauen. Bauen heißt vor allem: Entscheidungen treffen. Alleine bei der Errichtung eines Einfamilienhauses fallen etwa 40 000 Entscheidungen an. Bei einem ganzen Wohnhaus müssen es um ein Vielfaches mehr sein. Und immer schwingt die Möglichkeit der falschen, der fatalen Entscheidung mit. Ganz besonders bei Menschen, die keine Ahnung vom Bauen haben. So wie ich. Und ich traue es mich zu sagen: so wie die meisten anderen aus unserer Baugruppe.

Seit der Grundsteinlegung sind mehrere Monate vergangen. Clemens und ich gehen immer wieder zum Baugrundstück und bewundern, wie schnell die Arbeiter ein Stockwerk auf das andere setzen. Die Spannung steigt von Mal zu Mal, wie das Gebäude innen aussieht, wie die eigene Wohnung sein mag. Auf einer offiziellen Baustellenführung, die das Architekturbüro organisiert, dürfen wir kurz vor Fertigstellung des Rohbaus im Herbst 2012 unser Haus begutachten.

Mit einem Helm ausgerüstet, ziehen Clemens, Theo und ich mit den künftigen Nachbarn an den blanken Betonwänden entlang von Raum zu Raum. Wir hanteln uns vorbei an Stellen, wo Löcher sind und man hineinfallen kann. An den Treppen sind noch keine Geländer montiert. Bei jedem Schritt knackst es unter den Schuhen. Wir steigen auf Nägel, Schrauben und groben Staub. Wir bestaunen Betonpfeiler und Fensterrahmen. Markus zeigt uns im Erdgeschoß, wo der riesige Radabstellraum liegen wird. Von dort führen große Türen direkt in den Park und zur Straße. Neben uns huschen Bauarbeiter mit Zementsäcken auf der Schulter vorbei. Wir schaffen es in den fünften Stock bis zu unserer Wohnung. Hundertmal habe ich sie am Plan studiert. So sieht sie nun in Beton gegossen aus. Gebaut nach unseren Wünschen. Clemens filmt mich mit dem Handy, als ich zum ersten Mal unsere Wohnküche betrete und das Schlafzimmer besichtige. Sogar auf den Balkon kann man schon gehen. Von dort aus sehen wir Tom und Eva, die gerade eine andere Wohnung inspizieren. »Hallo!«, rufen wir uns zu und winken aufgeregt hin und her.

Beim Hinuntergehen treffe ich Erna. »Komm mit und schau dir meine Wohnung an«, sagt sie aufgeregt. Sie ist mit fast siebzig Jahren unsere Älteste und wird in den ersten Stock ziehen. Ich besichtige mit ihr die neue Bleibe, und sie zeigt mir, wo sie den Küchentisch und das Sofa platzieren will. Erna engagiert sich in der Arbeitsgruppe Architektur und erzählt mir, wie mühsam die vielen Besprechungen derzeit sind. »Alleine für die Auswahl der Farben im Stiegenhaus haben wir drei Treffen benötigt«, sagt sie. Und wie kam die Gruppe zum Entschluss? »Ein Urlaub in Kroatien hat mich zu dieser Farbkombination inspiriert«, meint Erna. »Dort wachsen auf den erdfarbenen Böden Olivenbäume mit grünen Blättern, und dahinter ragt der blaue Horizont.« Also werden die Böden rötlich-erdfarben, das Treppengeländer olivgrün und die Decken blassblau. Wie nett: eine jahrtausendealte Farbkombination in unserem Treppenaufgang. Mit Urlaubsfeeling obendrein!

Genauer gesagt wird unser Wohnprojekt ein richtiges Öko-Haus. Viele Ideen der Gründer wie Komposttoiletten, ein Lehmverputz und ein Holzbau mussten zwar aus Kosten- oder Zeitgründen verworfen werden. Und auch die Ausführung mit einem Öko-Beton aus Hochofenschlacke konnte nicht realisiert werden, weil die Trocknung länger dauert als bei normalem Beton. Trotzdem wird das Haus nahezu Passivhausstandard erreichen: Am Dach gibt es eine hundert Quadratmeter große Photovoltaikanlage, dazu einen Grundwasserwärmetauscher, kontrollierte Wohnraumlüftung sowie mineralische Dämmung. Außerdem überprüft eine extra dafür beauftragte Firma alle eingesetzten Produkte und Materialien – besonders Beschichtungen und Farben – hinsichtlich ihrer Belastung durch Chemikalien. Die Fassade des Hauses wird aus Holz sein, und die Holzböden in den Innenräumen stammen aus nachhaltiger Produktion.

»Bei einer sehr guten Planung unter Berücksichtigung der Lebenszykluskosten sind Niedrigstenergie- oder Passivhäuser in etwa gleich teuer wie normal gebaute Häuser. Einzelne Bauträger schaffen auch schon vergleichbare Errichtungskosten«, meint Clemens Rainer, Experte für nachhaltiges Bauen beim Wiener Beratungsunternehmen *denkstatt*. In der DGNB-Vorabschätzung, die Rainer während der Bauphase für unser Haus erstellt, schneidet das Wohnprojekt Wien mit der Qualitätsstufe Gold ab – zu diesem Zeitpunkt die höchstmögliche Auszeichnung. Ob die hohen Ansprüche der Planung auch der Realität standhalten, insbesondere hinsichtlich des Funktionierens technischer Anlagen wie der Lüftungsanlage, wird sich nach Inbetriebnahme des Hauses zeigen.

Etwa zur gleichen Zeit wie die Baustellenführung meldet sich ein Forscherteam vom Österreichischen Institut für Nachhaltige Entwicklung (ÖIN). Die Wissenschaftler wollen eine aufwendige Studie über das Wohnprojekt Wien erstellen und dabei herausfinden, wie sich die Lebensweise der Bewohner im neuen Haus im Vergleich zur derzeitigen Wohnform verändern wird. Clemens und ich machen bei der Erhebung mit. Eine Woche lang müssen wir Hunderte Details unseres Alltags notieren, zum Beispiel: wann, wo und was wir einkaufen; wie oft und mit welcher Temperatur wir Wäsche waschen; wie viele Kilometer wir mit unserem Auto zurücklegen; wer zu welcher Zeit auf unser Kind aufpasst; wie wir unseren Müll trennen; wie viel Strom wir verbrauchen; wie viel Kontakt wir mit unseren Nachbarn haben. Zusätzlich werden wir persönlich von einer Wissenschaftlerin interviewt. Das ganze Prozedere wird ein Jahr nach dem Einzug wiederholt, um auf diese Weise einen Vorher-Nachher-Vergleich zu erhalten.

* * *

In der Zwischenzeit wird unser Haus von Monat zu Monat konkreter – und der Druck in den Arbeitsgruppen höher. Es gibt Wochen, in denen fünf verschiedene Treffen angesetzt sind. In der Arbeitsgruppe Freiraum müssen die Pflanzen für den Garten ausgewählt werden, in der Arbeitsgruppe Nachhaltigkeit werden ein Carpool und eine Lebensmittelkooperative geplant und in der Arbeitsgruppe Organisation die Großgruppentreffen vorbereitet. Bei uns in der Arbeitsgruppe Finanzen haben wir alle zwei Wochen ein mehrstündiges Meeting. Manchmal müssen die Vereinsvorstände Heinz und Eva Maria sowie das Architekturbüro um Markus Entscheidungen innerhalb weniger Tage fällen. Dann laufen die Telefone heiß, und Mails werden hin und her geschickt. Außerdem findet sich eine kleine Gruppe zusammen, die später einen Brot- und Lebensmittelladen im Erdgeschoß betreiben will. Obwohl die vielen Treffen sehr viel Zeit verschlingen, verausgabe ich mich merkwürdigerweise nicht, sondern schöpfe sogar Energie daraus. Die Atmosphäre bei den Zusammenkünften ist so ganz anders, als ich es von meinem Job kenne. Ich habe das Gefühl, dass meine Arbeit von den anderen geschätzt wird. Oft komme ich müde zu den Besprechungen – und nach drei Stunden gehe ich erfrischt nach Hause. Ich werde noch ein richtiger Sitzungs-Fan!

In der Arbeitsgruppe Architektur, die stellvertretend für die Gruppe Planungs- und Bauentscheidungen trifft und die Kommunikation mit dem Architekturbüro übernommen hat, müssen ebenfalls Hunderte Details und Fragen geklärt werden: Wie ist die Ausrichtung der Fenster im Meditationsraum? Wie werden Herd, Spüle und Kühlschrank in der Gemeinschaftsküche angeordnet? Immer wieder legen die Architekten verschiedene Planungsvarianten zur Bebauung vor, damit die Arbeitsgruppe Wahlmöglichkeiten hat. Es müssen Materialien ausgesucht und Oberflächen bestimmt, Möbel für die Gemeinschaftsflächen gefunden und Fenstertypen ausgewählt werden. Und für alle größeren Beschlüsse muss noch die gesamte Großgruppe konsultiert werden.

So wie bei der Klinke-oder-Knauf-Frage. Im Grunde ist es eine einfache Frage: Wollen wir in unserem Haus Wohnungstüren mit einer Klinke, bei der sich eine unversperrte Türe von außen ohne Schlüssel öffnen lässt – oder einen Knauf, mit dem die Türe für Besucher nur mit Schlüssel aufgeht? Bei einem Großgruppentreffen im Spätherbst 2012 möchten wir uns einigen. Erster Redekreis, zweiter Redekreis. Wir schaffen es, geschlagene zwei Stunden darüber zu debattieren: Wollen wir, dass die Nachbarn ohne Klingeln und ohne Schlüssel unsere Wohnungen betreten könnten? Erna meint, dass sie als älterer Mensch gerne hätte, dass die Nachbarn im Fall einer Krankheit einfach eintreten können. Ich gehöre ebenfalls zur Klinke-Fraktion. Als ich den Redestab bekomme, sage ich: »Ich stelle mir vor, dass die Kinder von Wohnung zu Wohnung laufen werden. Ich möchte dann nicht jedes Mal aufstehen und die Türe aufmachen müssen.« Am Ende geht es nicht mehr um Klinke oder Knauf, sondern die Diskussion verlagert sich auf eine abstrakte Ebene: Welche Nachbarn wollen wir uns sein? Klinke heißt offene, Knauf bedeutet verschlossene Nachbarschaft – Gemeinschaft versus Privatheit. Nach dem dritten Redekreis verlasse ich den Raum und löse Clemens beim Babysitten ab.

Ich würde am liebsten davonlaufen. Wie kräfteraubend ist das alles, bitte schön? Irgendwo müssen diese ganzen Meinungsrunden doch eine Grenze haben, denke ich. Als ich wieder hineingehe, zeichnet sich zu meiner Überraschung ein Kompromiss ab: Die Architektur-Gruppe fragt beim Generalunternehmer nach, ob jede Wohnung individuell entscheiden könne, welchen Türöffner sie möchte. Der Vorschlag wird zum Konsent gestellt – Konsent angenommen. Warum sind wir nicht früher auf diese Lösung gekommen? Ich ärgere mich, dass ich Stunden meiner Lebenszeit für die Klinke-oder-Knauf-Frage verwenden musste. »Wir sollten auf jeden Fall eine Projektgruppe zum Thema ›öffentlich und privat‹ gründen«, meint Michaela, als wir endlich mit der Diskussion durch sind. Nadine, die neben mir sitzt, verdreht die Augen. »Als ob wir sonst nichts zu tun hätten«, flüstert sie mir zu. Ich nicke. Warum machen wir uns bloß selbst so viel Arbeit?

Besprechungen, Arbeit, Entscheidungen – und das in einer Endlosschleife: Während der Bauzeit verfallen viele Baugemeinschaften in einen Stressmodus. Die vielen Terminfristen und die fremde Welt des Bauens setzen unter Druck. Erfahrene Wohnprojekt-Experten raten Gruppen deshalb dazu, in die Beratung durch Baubetreuungs-Büros zu investieren, die ihnen unter die Arme greifen. Die Baubetreuer überwachen etwa die Einhaltung von Kostenzielen und die Arbeit der Architekten: die Qualität der Planung, die individuellen Sonderwünsche und die ökologischen Aspekte der Planung. »Die Baugruppen stehen in diesen Fragen oft sehr hilflos da. Sie können Kosten nicht korrekt einschätzen, was zur Folge hat, dass diese oft rasant steigen. Mit unserem Know-how entlasten wir die Gruppe. Die Leute können stattdessen ihre Kraft in das gemeinschaftliche Leben investieren«, sagt Lars Straeter vom Baugruppen-Berater *Conplan* in Lübeck. Das Unternehmen hat in den vergangenen zwanzig Jahren mehr als siebzig Wohnprojekte als Berater und Projektentwickler begleitet.

Das Wohnprojekt Wien ist sogar noch einen Schritt weiter gegangen und hat schon früh eine große Verantwortung für das Haus ausgelagert, nämlich: den Bauvorgang an sich. Wir haben einen Kooperationsvertrag mit dem gemeinnützigen Bauträger *Schwarzatal* geschlossen. In unserem Fall war dieser Schritt die Voraussetzung, um überhaupt am Wettbewerb für das Grundstück am Nordbahnhof mitmachen zu können. Denn damals waren von der Stadt Wien nur Wohnbauträger zugelassen. Mittlerweile hat sich diese Auflage geändert. Trotzdem arbeiten Baugemeinschaften heute oft freiwillig mit einem Bauträger zusammen. Bei uns wird dieses Unternehmen sehr viele Risiken übernehmen, die den Bauvorgang des Hauses betreffen: Die Firma ist während der Bauzeit der Bauherr und Eigentümer der Liegenschaft. Das bedeutet, dass sie die Verhandlungen mit dem Generalunternehmer führt, Aufträge ausschreibt, Bauleistungen finanziert und bis zu einem gewissen Grad einen Kosten- und Zeitrahmen garantiert. In einem Vorvertrag erklärt sich *Schwarzatal* bereit, das Haus nach unseren Vorstellungen zu bauen und es nach Fertigstellung dem Wohnprojekt Wien zu einer bestimmten Summe zu verkaufen. Dafür verlangen Bauträger rund fünf bis zehn Prozent der Baukosten als Prämie.

Es ist erstaunlich: Obwohl wir mit einem Bauträger bauen, ist enorm viel zu tun. Wie geht es anderen Gruppen, die selbst alles in der Hand haben? Ein warnendes Beispiel ist der *Möckernkiez* in Berlin-Kreuzberg. Es zeigt, wie viele schwere Fehler eine unerfahrene Truppe beim Bauen machen kann – trotz vieler Berater. *Die Zeit* schrieb 2016 über das Projekt: »Die Rohbauten gelten als Mahnmal eines naiven Traums vom alternativen Wohnen.«

Dabei fing alles so vielversprechend an: Bei einem Straßenfest in Kreuzberg im Sommer 2007 verteilten ein paar Bewohner Flugzettel mit der Aufschrift »Anonyme Investoren oder wir?« und riefen zur Gründung der *Möckernkiez*-Initiative auf. Die 30 000 Quadratmeter große Brache direkt am Gleisdreieckpark, einem Filetgrundstück im Herzen des Bezirks, sollte von der Stadt nicht wie so viele andere Grundstücke an gierige Immobilienentwickler verscherbelt, sondern endlich einmal direkt den Bewohnern angeboten werden. Den Initiatoren schwebte ein soziales und ökologisches Vorzeigeprojekt mit 471 Wohnungen in 14 Wohnhäusern samt Kindergarten, Hotel, Bioladen,

Terrassen, Kiez-Küche und einer Flaniermeile vor. Es ist bis heute das größte genossenschaftliche Neubauprojekt Deutschlands, das von Privatleuten angestoßen wurde. Die Idee elektrisierte schnell: Menschen aus ganz Berlin schlossen sich an, eine Genossenschaft wurde gegründet. 2010 kaufte die *Möckernkiez e.G.* mit den Genossenschaftsanteilen ihrer Mitglieder das Grundstück. »Die Genossenschaft purzelte mit vielen spannenden Ideen, aber in der Anfangszeit ohne betriebswirtschaftliches Konzept und Struktur zur Umsetzung ins Leben«, sagt Karoline Scharpf, heute im Vorstand der *Möckernkiez e.G.* Es dauerte vier Jahre, bis sich rund 1000 (!) Genossenschafter mit dem zuständigen Bezirksamt auf einen Bebauungsplan einigten. Der damalige Vorstand – er nannte sich selbst einen »bekennenden Laien-Vorstand« – bestand aus einem pensionierten IT-Experten, einer Politologin und einer Restauratorin. Unterstützt durch einen Stab renommierter Fachleute und Berater begann er Verhandlungen mit verschiedenen Banken für das rund hundert Millionen Euro schwere Projekt. Im Sommer 2013 fassten die Genossenschafter einen folgenschweren Beschluss: Sie wollten nicht mehr länger zusehen, wie die Baupreise steigen, und begannen ohne Finanzierungszusage mit dem Bau der Häuser. Die Geldinstitute gewährten auch weiterhin keinen Kredit, weil sie viele Entscheidungen der Ökotruppe nicht verstanden: In ihren Augen waren die Mieten viel zu niedrig angesetzt, und sie zweifelten an der Kostensicherheit. Denn die Bauaufträge sollten einzeln an Firmen vergeben werden, statt einen Generalunternehmer mit der gesamten Baumaßnahme zu beauftragen – wie bei großen Immobilienentwicklungen üblich und sinnvoll. Und viele Ideen wie eine autarke Energieversorgung mit einem Biogaskraftwerk in eigener Bewirtschaftung oder die Verpachtung eines Hotels wurden unternehmerisch als nicht tragfähig eingestuft. Scharpf: »Viele Genossenschafter hatten sich nicht richtig klargemacht, auf welches wirtschaftliche Risiko sie sich da einlassen.«

Zehn Monate später gab es immer noch keine Finanzierung. So passierte das Unausweichliche: Das Geld ging aus, der Bau wurde gestoppt. Und die stillgelegte Baustelle verschlang pro Monat 45 000 Euro. Die Projektkalkulation musste neu aufgesetzt werden, die Baukosten und die Mieten wurden überprüft. Der damalige Vorstand hatte sich schlichtweg überhoben, ihm fehlte die fachliche Eignung für ein

Projekt dieser Größenordnung. Scharpf – eine erfahrene Architektin und Projektmanagerin – und ihr Vorstandskollege Frank Nitzsche, ein versierter Immobilienexperte, übernahmen Anfang 2015 das Ruder. Damals sprang rund ein Zehntel der Genossenschafter ab; die Investoren standen schon Schlange, um sich das Projekt zu schnappen.

Die neuen Vorstände konzipierten den *Möckernkiez* in vielen Punkten anders: Sie strichen das Hotel, verwarfen die autarke Energieversorgung und vereinfachten die teilweise sehr heterogene Bauplanung, soweit dies noch möglich war. Unterm Strich wurde das Projekt um rund ein Drittel teurer, und die Miete stieg im Schnitt von acht auf über elf Euro Nettokaltmiete pro Quadratmeter. Den beiden neuen Vorständen gelang es schließlich, einen Generalunternehmer zu finden. Und auch die Verhandlungen mit den Banken kamen wieder in Schwung. Gerade noch rechtzeitig vor dem Auslaufen der Bindefrist für den Bauvertrag und allen Gerüchten einer möglichen Versteigerung zum Trotz kam im Mai 2016 die Zusage der Banken. Ob die Genossenschafter den *Möckernkiez* nach all den Turbulenzen immer noch gut finden? Scharpf: »Viele Träume haben sich relativiert. Aber es ist immer noch sehr viel Gutes und Besonderes, was jetzt im *Möckernkiez* realisiert wird.«

Bislang sind wir im Wohnprojekt Wien von groben Fehlern und größeren Turbulenzen verschont geblieben. Wer weiß, wie lange noch?

Zahlen

»Um eine Welt gemeinsamen Reichtums zu instituieren und zu erhalten, ist es notwendig, dass wir uns auf unsere Fähigkeiten zu kollektiver Produktion und zur Selbstregierung konzentrieren und sie erweitern.«
MICHAEL HARDT UND ANTONIO NEGRI, »COMMON WEALTH« (2010)

Gute Ideen und einen sozialen Anspruch haben viele Wohnprojekt-Initiativen. Wie das Beispiel *Möckernkiez* zeigt, ist es aber entscheidend, dass die Gruppe ihre Visionen mit einer professionellen Projektentwicklung verknüpft – auf planerischer, organisatorischer und finanzieller Ebene. Es ist bedeutsam, wer für die wichtigen Entscheidungen geradesteht. Und wer für die Finanzen einer Baugemeinschaft verantwortlich ist. Ich habe großen Respekt vor dieser Tätigkeit, weil ich inzwischen weiß, wie kompliziert das alles ist: Baufinanzierung, Liquiditätsplanung und Wirtschaftlichkeitsrechnung. Werden wir es schaffen, unser Haus um fast zehn Millionen Euro zu kaufen? Und wie gehen sich die großzügigen Gemeinschaftsflächen und die ökologische Bauweise mit einer bezahlbaren Miete aus?

Bei einem Treffen der Finanzgruppe Anfang 2013, ein Jahr nachdem Clemens und ich zum Wohnprojekt gestoßen sind, stellt Heinz in einem komplizierten Tabellenblatt den Finanzplan im Detail vor: Der Vorvertrag mit dem Bauträger lautet, dass das Wohnprojekt Wien das Gebäude bei Fertigstellung erwirbt. Samt Nebenkosten müssen wir für den Kauf 9,8 Millionen Euro aufbringen. Immer wenn Heinz diese Summe nennt, erschaudere ich. Für mich ist das verdammt viel Geld. Die größte Summe, die ich persönlich je in meinem Leben überwiesen habe, waren 10 000 Euro für den Kauf unseres Autos. Falls wir die Finanzierung nicht zustande bringen, können wir das Haus als Ganzes mieten (Generalmiete) – so steht es im Vertrag. Doch wir wollen es schaffen. Wir wollen kaufen. Wir wollen über unser Haus selbst bestimmen!

Wir schmieden den Schlachtplan für die nächsten Monate: Die Stadt Wien gewährt ein Förderdarlehen in Höhe von 2,3 Millionen Euro. Über private Darlehen sollen 300 000 Euro aufgestellt werden. Für 5,4 Millionen Euro müssen wir einen Kredit bei einer Bank beantragen. Den Rest – gut 1,8 Millionen Euro – müssen die Bewohner als Eigenmittel aufbringen. Pro Quadratmeter Wohnfläche sind das rund 570 Euro, die bei einem Auszug teilweise wieder rückerstattet werden. Dazu kommen 3000 Euro pro Erwachsenem für die Ausstattung der Gemeinschaftsflächen. Wir beschließen, dass wir unsere Mitglieder auffordern, die Eigenmittel und den Gemeinschaftsflächenanteil bis Ende März auf das Vereinskonto einzuzahlen. Bevor wir bei den Banken anklopfen, sollte dieses Geld auf unserem Konto liegen, denn Geldinstitute wollen sich normalerweise schwarz auf weiß versichern, ob eine Baugemeinschaft tatsächlich über Eigenkapital verfügt. Für unsere 93 Quadratmeter große Wohnung müssen

Clemens und ich rund 59000 Euro bezahlen. Für eine Jungfamilie ist das ziemlich viel Geld, das nicht alle Gruppenmitglieder einfach so auf dem Konto liegen haben.

Ich biete der Gruppe an, mich auch um die Organisation der 300000 Euro an Privatdarlehen zu kümmern. Für mich ist das eine große Aufgabe. Heinz hat sich bereit erklärt, die Kaufverhandlungen mit dem Bauträger aufzunehmen. Wir überlegen, wer aus der Gruppe die Bankverhandlungen führen soll, und gehen alle durch: Philosoph Klaus, der Leiter unserer Arbeitsgruppe? Als sein Name fällt, tippt er emsig das Protokoll in seinen Computer und winkt mit der Hand ab, ohne den Blick vom Bildschirm abzuwenden. Wie wäre es mit Organisationsberater Erich? »Puh«, sagt er. »Ehrlich gesagt, habe ich in meiner eigenen Firma genug Arbeit am Hals.« Wir kommen auf Eva Maria – sie? Sie schüttelt den Kopf. Wenn, dann nur mit einer zweiten Person, sagt sie. Vielleicht Filmproduzent Alexander? Er schnauft laut durch, steht auf und beginnt, im Raum auf und ab zu gehen. Dabei streicht er mit seiner Hand mehrmals über das zu einem Zopf zusammengebundene Haar. »Okay, ich übernehme das«, sagt er nach einer Weile. »Mit derart großen Summen hatte ich in meinem Unternehmen aber auch noch nicht zu tun.« Heinz bietet ihm an, ihn zu unterstützen.

Wir wollen unser Haus als Ganzes kaufen, weil es Gemeinschaftseigentum ist. Das heißt, die Bewohner haben keine Eigentumswohnungen, sondern sind Mieter. Besitzer des Hauses ist der Verein, der die Wohnungen an seine Mitglieder – also uns – vermietet. Diese rechtliche Konstruktion kommt unserem Ziel vom nachhaltigen Wohnen in finanzieller Hinsicht am nächsten: Wohnen soll in unserem Haus langfristig bezahlbar sein, wir wollen selbst über die Miethöhe bestimmen können. Wir möchten nicht, dass mit unserem Wohnraum spekuliert wird. Und zu guter Letzt soll ein gemeinschaftliches Zusammenleben langfristig möglich sein. Bei Eigentumswohnungen hingegen ist anzunehmen, dass einzelne Gruppenmitglieder ihre Wohnungen irgendwann verkaufen. Die Gruppe hat fast keinen Einfluss darauf, welche Leute dann ins Haus ziehen, ob diese Menschen zur Gemeinschaft passen und den Geist des Hauses mittragen. Es gibt einige Beispiele an Wohnprojekten, in denen die Gemeinschaft nach mehreren Eigentümerwechseln zerfallen ist.

Zugegeben: In Zeiten billiger Kredite scheint Gemeinschaftseigentum wenig attraktiv. Im deutschsprachigen Raum, wo der Anteil der Mieter traditionell höher war als jener der Eigenheimbesitzer, ist seit dem Ausbruch der Finanzkrise ein Trend zum Einzeleigentum zu beobachten. Viele Bürger sehen im Wohnungskauf eine Absicherung für ihre Rente und eine Möglichkeit, Vermögen aufzubauen und ihren Kindern ein Erbe zu hinterlassen. 1993 lag die Eigentumsquote, also der Anteil der Eigentümer von selbst bewohnten Wohnungen, in Deutschland bei 39 Prozent. Heute ist sie bereits bei 52 Prozent, in Österreich sogar noch höher.

Doch wie bekommen wir einen Kredit für 5,4 Millionen Euro? Einfach so mal fragen? Keine Chance! Dem Geldinstitut ist es egal, ob ein Wohnbaukonzern um ein Darlehen anklopft oder hundert Menschen, die ein Ökohaus bauen und nichts Böses wollen. Viele Geschäftsbanken beäugen die klassische Wohnprojekte-Klientel sogar eher skeptisch: Es sind ungewohnte Kunden, die meist keine Vermögensreserven und keine klassische Gewinnorientierung haben. Die Banken erwarten ein schlüssiges Finanzkonzept, wollen im Schnitt 25 bis 35 Prozent Eigenkapital sehen und möchten sichergehen, dass es Mieter für eine Immobilie gibt, die diese Miete auch zahlen können. Alle möglichen Details müssen in der Kalkulation berücksichtigt werden: Verwaltungskosten, Mietausfälle, Reparaturrücklagen und Instandhaltungskosten. Ein Schlüssel in unserem Konzept ist der Verzicht auf die Annehmlichkeiten einer Tiefgarage: Da viele Gruppenmitglieder kein eigenes Auto besitzen, werden wir ein paar Parkplätze im Nachbarhaus kaufen. Dadurch sparen wir 18 000 Euro Baukosten pro Stellplatz – das sind insgesamt 500 000 Euro. Damit finanzieren wir den Großteil unserer Gemeinschaftsflächen.

»Die Häuser müssen sich selbst tragen«, sagt Benedikt Altrogge von der *GLS Bank*. »Die Mieten müssen die Bewirtschaftungskosten und den Kapitaldienst decken.« Die *GLS Gemeinschaftsbank* ist eine Genossenschaftsbank mit Sitz in Bochum und hat sich auf die Finanzierung von erneuerbaren Energien, freien Schulen, biologischer Landwirtschaft, Sozialeinrichtungen und Wohnprojekten spezialisiert. Sie arbeitet nach sozial-ökologischen Grundsätzen und wächst stetig. 2015 vergab das 1974 von mehreren Anthroposophen gegründete Geldinstitut 2,1 Milliarden Euro an Krediten, davon mehr als 400 Millionen Euro für den Bereich Wohnen. »Andere Banken tun sich mit Wohnprojekten oft noch sehr schwer. Wir haben gute Erfahrungen gemacht«, meint Altrogge. Weil Alternativbanken wie die GLS Bank verstanden haben, worum es bei gemeinschaftlichen Wohnprojekten geht, legen sie andere Maßstäbe in der Finanzierung an: Sie setzen etwa weniger auf die Lage eines Objekts, sondern mehr auf die Tragfähigkeit und Glaubwürdigkeit der Gruppe. Eine oft sehr große Hürde sind die hohen Eigenkapitalerfordernisse. Bei der Finanzierung von Wohnprojekten ist es daher von Vorteil, über alternative Finanzierungsmodelle wie Privatdarlehen Bescheid zu wissen. Auch gemeinnützige Stiftungen stehen bei der Finanzierung zur Seite, etwa die *Stiftung trias* in Nordrhein-Westfalen, die *Stiftung Edith Maryon* in Basel und die Stiftung *Rasenna* in Wien. Sie unterstützen gemeinschaftliche Wohnformen, indem sie ein Grundstück erwerben und es den Wohngruppen über ein Erbbaurecht (in Österreich und der Schweiz: Baurecht) zu einem niedrigen Zins für einen sehr langen Zeitraum verpachten.

* * *

Bei einem Treffen der Finanzgruppe Anfang April, als die Überweisungsfrist für die Eigenmittel der Gruppenmitglieder verstrichen ist, soll Eva Maria berichten, wie es um die Einzahlungen steht. Sie hat schlechte Nachrichten: Bei der Überprüfung musste sie feststellen, dass es nicht ganz glattgelaufen ist. Mehrere Parteien haben das Geld nicht wie vereinbart aufs Bankkonto überwiesen. Sie habe die säumigen Mitglieder bereits kontaktiert und verschiedene Antworten erhalten: Bei einer Familie bleibe ein Erbe von den Eltern aus, eine andere bekomme keinen Kredit. Ein Ehepaar, Luise und Herbert, zahlt sein Geld nicht ein, obwohl sie über die Summe verfügen würden. Die beiden sind Mitglieder der Finanzgruppe, aber bei diesem Treffen nicht anwesend.

Und auch noch bei drei weiteren säumigen Familien gebe es verschiedene Gründe, warum sie nicht bezahlen. Ein paar Tage später erfahren wir, dass diese drei Familien aus dem Wohnprojekt aussteigen: Eine junge Alleinerzieherin hat sich frisch verliebt, und der neue Partner hat kein Interesse am gemeinschaftlichen Wohnen.

Eine andere Familie kann die nötigen Eigenmittel nicht aufbringen, und die dritte Familie beschließt, in ihrer sehr günstigen Altbauwohnung zu bleiben. Wir sind geschockt. Damit haben wir nicht gerechnet. Das »Zahlen, bitte!« hat eine Verbindlichkeit gefordert, die manche veranlasst hat, ihren Entschluss, ins Wohnprojekt zu ziehen, nochmals zu überdenken. Was nun?

Dabei ist unsere Kalkulation ohnehin schon sehr eng, weil wir uns aufgrund einer Förderung durch die Stadt Wien an eine Mietobergrenze halten müssen: Zu Beginn soll die Bruttomiete in unserem Haus rund 9,70 Euro betragen. Mit dieser Miete liegen wir am oberen Rand im geförderten Wohnbau, aber weit unter den Preisen am freien Markt. Uns ist bewusst, dass wir mit sehr günstigen, geförderten Wohnungen nicht konkurrieren können. Daher werden wir einen Solidaritäts-Fonds einrichten, um zwei Wohnungen unter dieser Miete und ohne die normalerweise erforderlichen Eigenmittelanteile vergeben zu können. Die beiden Einheiten sollen für Menschen in Armutssituationen reserviert sein. Dieser Fonds soll sich aus freiwilligen Beiträgen der Bewohner speisen. »Man muss sich vor Augen halten, dass die Mieter in gemeinschaftlichen Wohnprojekten im Vergleich zum geförderten Wohnbau mehr für ihr Geld bekommen. Daher kann man die Mieten auch nicht direkt vergleichen«, sagt Norbert Post, Architekt in Dortmund und Vorstandsvorsitzender des Bundesverbandes Baugemeinschaften in Deutschland.

Langfristig tendieren Gemeinschaftshäuser allerdings zu günstigen Mieten: Die *Sargfabrik* in Wien etwa hat nach zwanzig Jahren billige Mieten, auch im Vergleich zum geförderten Wohnbau. Ähnliche Erfahrungen hat das *Mietshäuser Syndikat* mit Sitz in Freiburg gemacht. Das Syndikat ist eine Beteiligungsgesellschaft zum Erwerb von Wohnprojekten. Die rechtliche Konstruktion funktioniert so, dass die Bewohner eines Wohnprojekts gemeinsam mit dem *Mietshäuser Syndikat* eine Gesellschaft bilden, die ein Haus kauft. Damit wird erreicht, dass die Objekte langfristig dem Immobilienmarkt entzogen werden: Die Häuser können ohne Zustimmung des Syndikats nicht veräußert werden. Die Bewohner, organisiert in einem Hausverein, verwalten ihr Objekt selbstständig und bestimmen, wie hoch die Mieten sind und wer als Bewohner infrage kommt. »Bei unseren Projekten in Tübingen und Freiburg zeigt sich deutlich, dass die Mieten nach fünf Jahren rund dreißig Prozent unter den ortsüblichen Niveaus liegen«, sagt Jan Bleckert vom *Mietshäuser Syndikat*.

Bei unserem nächsten Finanztreffen kommt es zum Eklat: Herbert ist diesmal dabei. Warum er sich nicht an die Vereinbarungen gehalten habe, wollen wir anderen wissen. Herbert verteidigt sein Vorgehen und will nicht einsehen, dass er etwas falsch gemacht hat. Er sitzt neben mir, und ich bemerke, wie seine Hände leicht zittern, während er spricht. Der Redestab geht durch die Runde. Im Laufe der Debatte stellt sich heraus, dass ihm die Baugruppe zu unsicher erscheint und er deshalb die Einzahlung hinausschieben wollte. »Wir haben weder den Kaufvertrag unterschrieben, noch habe ich je einen Mietvertrag gesehen. Und ich soll fast 100 000 Euro auf ein Konto überweisen?«, rechtfertigt sich Herbert. »Wenn alle so handeln würden wie ihr, könnten wir das Wohnprojekt gleich zusperren«, sage ich. Ich ärgere mich, dass die beiden als Mitglieder der Finanzgruppe zwar über alle Schritte bestens informiert waren, aber trotzdem so wenig Vertrauen in die Gruppe haben. Das verstehe ich nicht – es macht mich sogar zornig. »Und was bitte schön soll passieren?«, fragt Heinz. Auch er ist aufgebracht: »Wenn wir das Haus nicht kaufen, dann wird das Geld zurücküberwiesen. Oder hast du etwa Angst, dass ich mich damit in die Karibik absetze?« Wir lachen. Herbert lacht nicht.

Später bin ich mit Clemens in der Innenstadt verabredet. Er hat an diesem Tag für die Freiraum-Gruppe an einem Permakultur-Workshop teilgenommen. Theo übernachtet zum ersten Mal bei den Großeltern. Wir wollen seit Langem wieder einmal gemeinsam auswärts zu Abend essen und später ins Kino gehen. Im Restaurant bin ich noch immer verärgert und aufgewühlt vom Treffen der Finanzgruppe. Ich muss Clemens alles erzählen, und er will alles wissen. Vor lauter Reden verpassen wir sogar den Film. »So weit sind wir jetzt schon, dass wir uns am freien Abend die Köpfe über das Wohnprojekt zerbrechen«, klagt Clemens. »Ich sollte bei euch in der Freiraum-Gruppe mitmachen«, sage ich etwas scherzhaft. »Das wäre für meine Nerven besser.«

Ein paar Wochen später finde ich ein E-Mail von Herbert in meinem Posteingang. Es ist an alle Leute im Wohnprojekt Wien adressiert. In der Betreffzeile steht: »Ein Abschied«.

Zum Start der Bankverhandlungen und ein halbes Jahr vor dem geplanten Einzug stehen wir plötzlich mit vier leeren Wohnungen da. Wie soll das gut ausgehen?

Zittern

»Dem Tiger entkommen, dem Krokodil begegnet.«
Thailändisches Sprichwort

Wer selbst ein Haus baut, hat es während der Bauzeit mit zwei Gefühlszuständen zu tun: Hoffnung und Angst.

Fangen wir bei der Hoffnung an. Wie heißt es so schön bei Johann Wolfgang Goethe? »Ein neues Haus, ein neuer Mensch.« Ziegel für Ziegel, Betonschicht für Betonschicht wächst die Zuversicht, dass das eigene Dasein in den neuen vier Wänden besser wird. Man wird sich in einem schönen Haus wohler fühlen, darum wird man entspannter sein und weniger mit seinem Partner streiten. Die Kinder werden braver sein, und Freunde kommen lieber auf Besuch. Ein neues Zuhause trägt das Versprechen in sich, dass das Leben so sein kann, wie man es immer schon haben wollte.

Und nun zur Angst. Oft kündigt sich ein Unglück nicht groß an. Wie in unserem Wohnprojekt: Vier Monate vor dem geplanten Einzug passiert das Schlimmste, was Baugemeinschaften geschehen kann.

Es ist der 18. Juni 2013, ein warmer Sommertag. Die Leiter der Arbeitsgruppen treffen sich zum »Leitungskreis« in unserem Vereinsbüro. Wir haben eine dichte Agenda. Ich bin für die Finanz-Gruppe als Stellvertreterin dabei und führe das Protokoll. Heinz als Vereinsobmann berichtet von den Verhandlungen mit den Banken für einen Kredit. Michaela informiert, dass die Interviews für die vier frei gewordenen Wohnungen laufen. Sie sei froh, dass es genug Bewerber gebe und es kein Problem wäre, die Wohnungen rasch zu vergeben. Clara, die Leiterin der Arbeitsgruppe Nachhaltigkeit, erzählt über die Vorbereitungen eines Carpools. Und Christine, die Leiterin der

Arbeitsgruppe Organisation, erklärt, welche Ideen es für die Neuaufteilung der Arbeitsgruppen nach dem Einzug gibt.

In der Pause gehen wir vor die Türe auf die Straße. Auf einem Parkplatz steht ein alter Kohlewagen, der zu einer Kunstinstallation mit Sitzbank umgebaut wurde. Wir quetschen uns darauf und machen es uns gemütlich. Ich trinke ein kleines Bier und erzähle vom bevorstehenden Griechenland-Urlaub. Michaela schaut auf ihr Handy. »Was? Habt ihr das schon gehört?«, stößt sie plötzlich lauthals aus. »Die *Alpine* meldet morgen Insolvenz an!« Ach herrje! Die Baufirma ist pleite! Wir schauen uns fassungslos an. Sogar Heinz, der nie um ein Wort verlegen ist, verschlägt es die Sprache. Was jetzt?

Die *Alpine*, das mit über 15000 Mitarbeitern zweitgrößte Bauunternehmen Österreichs, schlittert einen Tag später – am 19. Juni 2013 – mit über vier Milliarden Euro Schulden in den Konkurs. Es ist die größte Pleite der österreichischen Nachkriegsgeschichte. Die *Alpine* reißt unzählige andere Firmen mit in den Abgrund – darunter ihre Tochtergesellschaft *Universale Bau*, unser als Generalunternehmer beauftragtes Bauunternehmen. Zehn Minuten nachdem der Insolvenzantrag offiziell eingereicht ist und die Medien darüber berichten, legen die Arbeiter auf unserer Baustelle ihr Werkzeug hin und gehen nach Hause. Unser Hausbau steht still. Keiner weiß, für wie lange.

Der Bauträger holt in den nächsten Wochen in aller Eile Angebote von anderen Baufirmen ein, die unsere Baustelle weiterführen könnten. Die Offerte der Konkurrenten liegen um fast eine Million Euro höher als der ursprüngliche Auftrag. Das sind um zehn Prozent mehr Kosten, die sich eine Baugruppe wie wir nicht leisten kann. Es wäre das Aus für unser Wohnprojekt. Der Traum von hundert Menschen würde platzen. Einfach so.

Über den Sommer, zur besten Bauzeit, tut sich: nichts. Der für Oktober geplante Einzug rückt in weite Ferne. Wir sind wie gelähmt. Und dann, langsam, dringen die ersten Gerüchte durch: Es sieht gar nicht so schlecht aus, heißt es aus dem Umfeld des Bauträgers. Ein paar Wochen nach der Pleite übernimmt die Linzer Baufirma *Swietelsky* viele Baustellen der *Universale*, auch unsere Baustelle am Nordbahnhofgelände – samt Baumannschaft, Polier und Bauleiter. Unser großes Glück, wenn nicht sogar die Rettung, ist, dass unser Bauträger mit der neuen Baufirma fast dieselben Konditionen ausverhandelt wie mit der pleitegegangenen *Alpine*. Der Hausbau wird durch den *Alpine*-Konkurs für uns nicht merklich teurer. Wären wir alleine gewesen, ohne Bauträger, das Wohnprojekt wäre den Baufirmen heillos ausgeliefert gewesen.

Nach zweieinhalb Monaten, Anfang September, nehmen die Arbeiter ihre Tätigkeiten auf unserer Baustelle wieder auf. *Swietelsky* verschiebt den neuen Einzugstermin auf kurz vor Weihnachten, auf den 19. Dezember 2013. Der Einzug verzögert sich demnach um nur sieben Wochen, obwohl die Baustelle viel länger stillgestanden war. Die Bauarbeiter werden das schon aufholen, denken wir und atmen auf: Unser Wohnprojekt hat die größte österreichische Baupleite der vergangenen Jahrzehnte unbeschadet überlebt! Was soll jetzt noch schiefgehen?

Nach der Wiederaufnahme der Bautätigkeit geht die Arbeit im Wohnprojekt in vollem Tempo weiter. Nach mehreren glücklosen Anläufen kann Heinz die Kaufverhandlungen mit dem Bauträger endlich beginnen. Und auch die Gespräche mit den Banken werden konkreter: Heinz und Alexander haben drei Geldinstitute an der Hand, die sich für die Finanzierung unseres Wohnprojekts interessieren. Als zwei davon ein Anbot vorlegen, sind wir erst mal ziemlich perplex: Bei einem Kreditinstitut sind die Zinsen zu hoch, das andere Geldhaus verlangt höhere Eigenmittel der Bewohner. In den nächsten Wochen versuchen Alexander und Heinz, bessere Konditionen herauszuschlagen. Gleichzeitig stellt sich heraus, dass die Kaufgespräche ebenfalls nicht einfach sind: Der Bauträger ziert sich, uns einen Termin zur Kaufunterzeichnung zu nennen.

Im Herbst – Theo ist mittlerweile fast zwei Jahre alt – kehre ich in meinen alten Job als Wirtschaftsjournalistin zurück. Seitdem ist alles anders: Die Arbeit fordert mich enorm, zu Hause will Theo versorgt und bespielt werden, der Haushalt muss gemacht werden, und dazwischen soll ich 300 000 Euro für die Privatdarlehen organisieren. Das Leichte, das die Arbeit fürs Wohnprojekt hatte, ist wie weggefegt. In der Redaktion ertappt mich der Chefredakteur dabei, wie ich knapp vor Redaktionsschluss an einem wichtigen Dokument für die Privatdarlehen arbeite, obwohl ich meinen Text längst hätte abgeben sollen. Er maßregelt mich vor allen anderen, aber in diesem Moment erscheint mir das Wohnprojekt sogar wichtiger als mein Beruf – ich würde im Boden versinken, wenn ausgerechnet wegen mir bei der Finanzierung etwas nicht klappt.

Doch in den nächsten Wochen läuft ohnehin nichts mehr so, wie wir es geplant hatten:
Acht Wochen vor dem geplanten Einzugstermin treten plötzlich 200 000 Euro Mehrkosten auf, die wir zusätzlich finanzieren müssen.
Im Fall eines Kaufs möchte der Bauträger exakt am 15. Dezember, also vier Tage vor der geplanten Übergabe des Hauses, das gesamte Geld auf einem Treuhandkonto haben.

Sieben Wochen vor dem Einzug zieht eine der Banken aufgrund von Formalitäten – weil sie nicht mit der gesamten Kreditsumme in den ersten Rang ins Grundbuch kann – ihr Anbot zurück.

Sechs Wochen vorher springt aus dem gleichen Grund eine zweite Bank ab.

Fünf Wochen vorher ist unsicher, ob die Baustelle bis zum 19. Dezember fertig wird. Möglicherweise verschiebt sich die Übergabe des Hauses auf Mitte Jänner.

Vier Wochen vor dem Einzug haben wir ein Großgruppentreffen. Wir sind beinahe vollzählig, 61 Leute sind gekommen. Nur sechs Köpfe fehlen. Eine so hohe Beteiligung ist ziemlich ungewöhnlich. Der Kreis ist diesmal so riesig, dass er den ganzen Raum ausfüllt. Ich habe mich mit Theo neben eine neue Familie gesetzt: Eine alte Freundin aus der Studienzeit, Conni, hat mit ihrem Mann und den zwei Kindern eine der Wohnungen bekommen. Als ersten Programmpunkt begrüßen wir feierlich die neuen Mitbewohner. Dann tritt Heinz vor die Gruppe und referiert die Fakten: Wir wissen nicht, ob wir das Haus definitiv kaufen können oder nicht. Es gibt bislang keine Finanzierungszusage von einer Bank, und der Einzugstermin am 19. Dezember wackelt. Die meisten haben ihre Wohnung per Jahresende gekündigt. Wir auch. Falls sich der Einzugstermin verschiebt, stehen zwei Dutzend Familien ohne Dach über dem Kopf da. Wie sollen wir das schaffen? Und was, wenn wir das Haus erwerben können, aber nicht liquide sind? Oder eine Finanzierung bekommen, aber die Kaufverhandlungen scheitern? Schweigen. Betroffenheit. Ratlosigkeit. Tränen. Manche von uns haben vier Jahre an unbezahlter Arbeit in unser Haus investiert. Und nun, so knapp vor der Ziellinie, scheitern wir?

Heinz erklärt, wie es zu dieser misslichen Lage kommen konnte, und welche Möglichkeiten es nun gibt: Generalmietvertrag, den wir allerdings nicht wollen; Bürgschaften, um die Banken wieder an den Verhandlungstisch zu bekommen. Jemand schlägt für die kommenden Tage eine kollektive Meditation vor, um gute Energie zu schicken. Der Redestab geht im Kreis. Einmal, zweimal, dreimal. Alle Möglichkeiten werden durchgedacht, Alternativen überlegt, Plan B und Plan C geschmiedet. Am Ende wissen wir trotzdem nicht, was uns in den nächsten vier Wochen erwartet. Es kann alles gut gehen, und wir sind vor Weihnachten Eigentümer unseres Hauses und ziehen alle ein – oder es kann alles schlecht laufen, und wir stehen mit einem Mietvertrag vor verschlossenen Türen. So gehen wir auseinander.

Drei Wochen vor dem Einzug gibt die Baufirma bekannt, dass sie den Einzugstermin einhalten wird. Auf der Baustelle arbeiten mittlerweile 170 Menschen, auch sonntags.

Zweieinhalb Wochen vor dem Einzug unterschreiben Heinz und Eva Maria als Vorstände des Wohnprojekts Wien den Kaufvertrag für unser Haus. Ohne Finanzierungszusage einer Bank. Heinz wird später über die darauffolgenden Tage sagen: »Ich habe noch nie in meinem Leben so schlecht geschlafen.«

Neun Tage vor dem Einzug liegt schließlich doch die schriftliche Kreditzusage vor: Die deutsche *GLS Bank* wird uns den Kredit gewähren. Es ist ihr erstes Projekt in Österreich.

Sieben Tage vor dem Einzug schicken Alexander, Eva Maria und Heinz die Pfandrechtsurkunde per Eilboten in die *GLS*-Zentrale nach Bochum.

Sechs Tage vor dem Einzug trifft die Urkunde bei der Bank ein, sie weist das Geld an.

Vier Tage vor dem Einzug, exakt am 15. Dezember, dem letztmöglichen Tag, kommt die gesamte Kaufsumme vertragsgemäß am Konto des Treuhänders an.

Wir haben es geschafft!

* * *

Am Tag des Einzugs sind Clemens, Theo und ich unter den Ersten, die zum neuen Haus eilen. In der Eingangshalle streichen zwei Männer in weißer Kleidung die Wände. Auf den Böden in den Stockwerken muss der Magnesitestrich über Nacht noch austrocknen. Und die Gemeinschaftsküche ist eine komplette Baustelle. Es ist kalt, und es riecht nach Farbe und Lack. »Das Haus ist nicht ganz fertig geworden«, begrüßt uns Markus zähneknirschend. »Aber wir können trotzdem einziehen.«

Nach und nach kommen auch andere Nachbarn, und wir warten gemeinsam, bis die Formalitäten der Hausübergabe erledigt sind. Ein paar Wohnprojekt-Leute haben diese Aufgabe übernommen und sitzen mit Vertretern der Baufirma und des Bauträgers in einem der Container, um alle notwendigen Listen durchzugehen.

Ich bin unglaublich glücklich. Wie gut, dass ich damals, als ich Heinz zum ersten Mal an dieser Stelle begegnet bin, nicht wusste, was alles auf uns zukommen würde! Vielleicht hätten dann nämlich meine Zweifel über die Freude gesiegt. Zum Glück war ich naiv genug, mich einfach ins Wohnprojekt hineinzustürzen, ohne über bestimmte Themen genauer nachzudenken. In den vergangenen zwei Jahren ist so viel passiert: Ich habe ein Kind bekommen, mit meinen Nachbarn ein Haus gebaut und dabei sehr viel gelernt, auch über mich selbst. Die vielen Sitzungen, Gruppentänze und Nachbesprechungen im Gasthaus haben uns zusammengeschweißt. Ab jetzt werden wir Tür an Tür in unserem Haus leben. Was für eine wunderschöne Vorstellung!

In diesem Moment kommt Joka mit einem riesigen Schlüsselbund in der Hand zu uns in die Eingangshalle. Es müssen mehrere Hundert Schlüssel an diesem Eisenteil hängen. Er schüttelt es, sodass es laut klirrt. Jubel! Pfeifen! Klatschen! »Ich freue mich auf das Zusammenwohnen«, sage ich zu Markus. »Ich auch«, sagt er. »Aber warte nur ab – nach diesen Hochgefühlen kommt in jedem Gemeinschaftshaus das große Wohnprojekt-Tief.«

4. Sieben Stock Dorf

Wir Hausbesitzer

»*Es sind nicht Häuser, die ich liebe,
sondern das Leben, das ich in ihnen lebe.*«
COCO CHANEL, FRANZÖSISCHE MODEDESIGNERIN (1883-1971)

Die Besiedelung unseres Hauses gleicht dem Treiben rund um einen Ameisenhaufen. Menschen schleppen der Reihe nach unzählige Kisten, Sofas und Blumentöpfe von den parkenden Lkws zur Eingangstüre. Der Aufzug ist unter der Last der vielen Neuankömmlinge nach nur sechs Fahrten kaputt geworden, und so verläuft diese Ameisenstraße über das ganze Treppenhaus bis hinauf ins Dachgeschoß. Auch Clemens und ich sind unter den fleißigen Trägern und befördern unser Hab und Gut in den fünften Stock. Im Nebenhaus, einem konventionellen Wohnbau, ziehen Bewohner ebenfalls gerade ein. Auch dort ist der Lift ausgefallen. Doch gleich an einem der ersten Tage wird offensichtlich, dass unser Haus irgendwie anders tickt als die Nachbargebäude.

Bei uns gibt es einen »Einzugsmanager«: Beim Anblick der angespannten Gesichter vor dem Fahrstuhl und den wachsenden Bergen an Umzugskartons in der Eingangshalle hat sich Organisationsberater Erich spontan bereit erklärt, das heraufziehende Chaos mit seiner ordnenden Hand unter Kontrolle zu halten. Er kümmert sich um eine Zwischenlagerung der herangeschafften Güter im Fahrradraum und schlichtet kleine Streitigkeiten. Dazwischen passt er auf, dass die Bewohner brav ihren Müll trennen. In einem Container vor dem Haus, den die Baufirma den Bewohnern für die Entsorgung ihrer Abfälle während des Einzugs stehen ließ, landen haufenweise Verpackungen und Kartons. Erich fischt mit der Hilfe von ein paar anderen Wohnprojekt-Leuten alle Papierabfälle heraus und schafft sie in die dafür vorgesehenen Recycling-Tonnen. Während beim Nachbarhaus drei Container Restmüll anfallen, ist es bei uns dank Erich nur einer.

In dem ganzen Kuddelmuddel feiern wir gemeinsam kurz vor Weihnachten unseren Einzug. Clara und ihr Mann René führen vom sechsten Stock aus einen kleinen Festzug durch das Haus an. In jedem Stock klopfen sie an den Wohnungstüren und bitten die

Bewohner heraus. René spielt auf seinem Saxofon, während Clara »My home is where my heart is« anstimmt. Von Tür zu Tür wird die Festgesellschaft größer und der Gesang ergreifender. Während sie vor unserer Türe im fünften Stock aufspielt, nimmt Clemens meine Hand und drückt sie fest. Ich sehe Clemens an und bemerke, wie ihm eine Träne über die Wange kullert. Die Anspannung der vergangenen Wochen ist Erleichterung und Dankbarkeit gewichen. Sind wir zu Hause angekommen?

Das Allerschönste an jedem Anfang ist, dass der Alltag zu glänzen beginnt. Alles ist neu, alles passiert zum ersten Mal an diesem Ort: Zum ersten Mal trinke ich den Morgenkaffee mit Blick zur Mexikokirche in der Ferne, zum ersten Mal klopfe ich bei einer Nachbarin und bitte sie um etwas Butter, zum ersten Mal backen wir mit zwei anderen Familien gemeinsam Pizza. Jeder Schritt vor unsere Wohnungstüre ist eine einzige Aufregung, wen von meinen neuen Nachbarn ich wohl treffen werde. Am anderen Ende des Gangs, gegenüber unserer Wohnung im fünften Stock, wohnt Architekt Markus mit seiner Familie, daneben Nadine und Jan mit ihren beiden Kindern. Eine Tür weiter ist Stefanie eingezogen. Sie steht kurz vor ihrer Pensionierung und ist die Einzige auf unserer Etage ohne Kinder.

In den ersten Tagen nach dem Einzug sind die meisten Begegnungen euphorisch: Wir fallen uns um den Hals, gratulieren uns zum neuen Haus und laden uns gegenseitig ein, die Wohnungen zu bewundern. Wir bestaunen die neuen Küchen und lassen uns von der Möbelanordnung der anderen inspirieren. Wenn Clemens nach einer Runde im Haus in unsere Wohnung zurückkehrt, frage ich ihn meist, wen er aller gesehen und mit wem er gesprochen hat. Ihn nervt es bald. Manchmal, wenn ich laute Stimmen am Gang höre, werfe ich durch den Türspion einen heimlichen Blick nach draußen. Als Clemens mich dabei ertappt, ist er entsetzt: »Bitte hör auf damit, du neugierige Person. Das ist ja wie am Land!«

Ein paar Tage nach dem Einzug soll ich im Namen der Finanzgruppe ein E-Mail an alle Bewohner schreiben. Solche Mails waren bisher nie eine große Sache für mich – sie sind normalerweise schnell geschrieben und versendet. Doch dieses Mal ist es anders. Bei der Anrede zögere ich: Wie soll ich die anderen benennen? »Liebe Nachbarn«? Irgendwie kommt mir das zu banal, zu unverbindlich vor.

Einen »normalen« Nachbarn würde ich doch beim Einzug niemals umarmen und auf ein Glas Sekt in meine Wohnung bitten. Nein, wir sind doch mehr als Nachbarn! Aber was genau sind wir? Was ist dieses Wir? »Liebe Freunde«? Diese Bezeichnung kommt mir wiederum zu hoch gegriffen vor. Ich nenne nur wenige Menschen meine Freunde. Vielleicht »Haus-Freunde«? Oder »Liebe Bewohner«? Wie wäre »Liebe Gemeinschaft«? Sind wir überhaupt eine Gemeinschaft? Klassische Gemeinschaften gelten als stabil und die Identität des Einzelnen umschließend. In frühen theoretischen Grundlagenwerken wie dem von dem Soziologen Ferdinand Tönnies verfassten »Gemeinschaft und Gesellschaft« (1887) wird die Entstehung von Gemeinschaft durch gemeinsame Wertüberzeugungen und die Nähe ihrer Mitglieder an einem sozialen Raum erklärt. Für Tönnies ist daher auch die Nachbarschaft eine Gemeinschaft, nämlich eine Gemeinschaft des Ortes. In den letzten Jahren konstatieren Soziologen aber auch völlig neue Formen von Gemeinschaft. Sie bezeichnen diese als »posttraditionale Gemeinschaften«, die sich aufgrund ähnlicher Lebensstile, geteilter Konsumpraktiken oder ästhetischer Ausdrucksweisen begründen. Der französische Soziologe Michel Maffesoli spricht in diesem Zusammenhang von »Neo-Tribalismus«, einer »Rückkehr der Stämme«. In derartigen Gemeinschaften ist der Einzelne keineswegs permanent eingebunden, sondern führt ein nomadisches Dasein, indem er hin und wieder in orts- und zeitgebundene Gemeinschaftswelten eintaucht.

Bin ich also nun Teil des »*Wohnprojekt Wien*-Stammes«? Eine lustige Vorstellung. Vielleicht sollte ich das Mail mit »Liebe Stammesmitglieder« beginnen? Immerhin haben wir ja auch ein gemeinsames Siedlungsgebiet, nämlich unser Haus. Schließlich schreibe ich schlicht: »Ihr Lieben!«

Auch Besuchern fällt recht schnell auf, dass an unserem Haus etwas anders ist. Als der Postbote mir zum ersten Mal ein Paket bringt, fragt er mich: »Sagen Sie, was ist denn das für ein Gebäude hier? Das ist doch kein normales Haus, oder?« Ein paar Tage nach unserem Einzug steht auch schon die erste meiner drei Freundinnen vor der Türe und will endlich mit eigenen Augen sehen, was genau es war, das mich in den vergangenen zwei Jahren so stark in seinen Bann gezogen hat. Ich führe sie durch unsere jungfräulich wirkende

Wohnung: Die Wände sind schneeweiß, und der Parkettboden verströmt einen warmen Holzgeruch. Am Herd in der Küche klebt noch die Schutzhülle aus Plastik, weil wir noch gar nicht gekocht haben. Überall türmen sich Umzugskisten. Meiner Freundin gefällt die Wohnung – sie mag die hellgrünen Fliesen im Badezimmer, die wir selbst ausgesucht haben, und begutachtet anerkennend die Holzrahmen der Fenster, die unsere Arbeitsgruppe Architektur ausgewählt hat.
»Und nun zeige ich dir den Rest«, sage ich und öffne unsere Wohnungstür. »Welchen Rest?«, fragt sie verdutzt. – »Na, unser Haus!«
Wir laufen die Stiege hinunter bis in den Keller. Ich präsentiere unseren riesigen Veranstaltungsraum, wo jemand schon ein Klavier platziert hat. In den Saal fällt viel Licht, weil die Außenmauern aus Glas sind und sich davor ein »versunkener« Hof mit einem Quittenbaum befindet. Über eine Treppe gelangt man direkt in den Garten. Wir machen einen Abstecher dorthin, und ich zeige ihr, wo später unsere Gemüsebeete angelegt werden. Zurück im Haus, gehen wir eine Runde durch die Werkstatt und das künftige Lebensmittellager, dann einen Stock hinauf, in die Gemeinschaftsküche im Erdgeschoß. Der Raum wird von den Bauarbeitern erst in den nächsten Wochen fertiggestellt und ist nur provisorisch eingerichtet. Zwei große Küchenblöcke mit Spüle und Arbeitsflächen sind schon montiert; später sollen hier noch drei große Tische für dreißig Personen und eine gemütliche Sitzbank aus Eichenholz Platz finden. Von der Küche aus betrachten wir durch eine Glasscheibe den Kinderspielraum. Dort gibt es eine Hochebene zum Verstecken, zu der die Kleinen auf Sprossenleitern hinaufklettern können. Im Erdgeschoß hat sich außerdem Markus Zilkers Architekturbüro *einszueins architekten* eingemietet.
Mit dem Lift fahren wir anschließend ins Dachgeschoß. Wir schauen uns die drei Gästeapartments an, die wie richtige Hotelzimmer anmuten. Für die Gäste gibt es außerdem eine kleine Küche mit einem langen Tisch, wo sie selbst Essen zubereiten können. Wir gehen weiter zur Bibliothek: Obwohl überall unsortierte Kartons mit Büchern stehen, strahlt der Raum eine unglaubliche Ruhe aus. Der Boden und die Regale sind aus dunklem Eichenholz. Durch das riesige Fenster überblicken wir den darunterliegenden Park und sehen sogar bis zum Riesenrad und zum Stephansdom. Wir spazieren hinaus auf die Terrasse, wo später zwischen den drei hölzernen Sitznischen Gras

und Blumen wachsen sollen. Am Ende des Dachgartens befindet sich unser »Wellness-Bereich«, wie ich augenzwinkernd sage: unsere Sauna mit Sternen-Blick-Whirlpool und der Meditationsraum.
»Wow«, sagt meine Freundin am Ende unserer Tour. »Das ist ja ein richtiges Luxushaus.« »Luxus? Wir müssen alles mit unseren Nachbarn teilen. Ganz so exklusiv ist das nicht«, antworte ich. Trotzdem bin ich ziemlich stolz. Es fühlt sich an, als wäre es mein eigenes Haus. Und irgendwie ist es das ja auch.

* * *

Die Ersten, die das Haus in Besitz nehmen, sind unsere Kinder. Es dauert nicht lange, bis sie herausgefunden haben, dass ihr Aktionsradius deutlich größer geworden ist. Sie beginnen, im Stiegenhaus zu spielen, und fegen mit Rädern und Rollern durch die Gänge. Sogar Theo mit seinen zwei Jahren will ununterbrochen vor unsere Wohnungstüre gehen. Ich kann mir nicht erklären, warum das so ist. Sobald die Türe nur einen Spalt offen steht, ist er schon nach draußen verschwunden. Bald ahne ich, was mit den vielen Kindern und den unterschiedlichen Erziehungsstilen der Eltern noch auf uns zukommt. Als ich einmal mit einer anderen Mutter und ihrem Sohn auf den Aufzug warte, bemerke ich, wie der Kleine mit seinem Laufrad mehrmals die frisch gestrichene, weiße Wand anfährt, bis sie lauter schwarze Streifen hat. Ich blicke meine Nachbarin an – sie macht keine Anzeichen, ihren Sohn von dieser Tätigkeit abhalten zu wollen. »He, hör auf damit! Du siehst ja, dass die Wand ganz schmutzig wird«, sage ich schließlich, denn immerhin ist das auch mein Haus. Meine Nachbarin antwortet milde lächelnd: »Du glaubst doch nicht im Ernst, dass diese Wand lange sauber bleiben wird, oder?«
Besitz, so heißt es im Volksmund, belastet. Doch dazu später. Als frischgebackene Hausbesitzerin verspüre ich zunächst ein Gefühl der Freiheit. Wir können das Leben in unserem Haus so gestalten, wie wir schon immer wollten: »Das gute Leben wagen« und »eine Keimzelle der Nachhaltigkeit« sein – so wie es in unserer Vision steht. Was machen wir nun aus unserem schönen Wohnprojekt? In einem Öko-Haus zu wohnen, heißt nicht automatisch, nachhaltig zu leben. Die Gebäudetechnik hat in den vergangenen Jahren große

Fortschritte gemacht, und der Energieverbrauch für Warmwasser, Heizung und den Betrieb der Häuser ist massiv gesunken. Eine hochwertige energetische Bauweise kommt den Ambitionen einer nachhaltigen Gesellschaft schon recht nahe. Allerdings gilt das nur für die Gebäude selbst – nicht für das Leben in den Häusern. In allen anderen Bereichen wie der Ernährung, der Mobilität, dem Freizeitverhalten oder der Gesundheitsversorgung der Menschen sind die hehren Ziele der Reduktion an Emissionen noch lange nicht erreicht.

Im Umkehrschluss heißt das: Ein Öko-Haus bietet eine gute Grundlage, aber noch lange keine Lösung für die Umweltprobleme dieser Welt.»Am Weg zu einer nachhaltigen Gesellschaft braucht es tiefgreifende Verhaltensänderungen und völlig neue Praktiken der gesellschaftlichen Organisation«, sagt Matthias Probst, Umweltnaturwissenschaftler in Zürich, der für die Genossenschaft *mehr als wohnen* kürzlich eine umfangreiche Studie zu diesem Thema erstellt hat. Vielmehr müssen wir uns also die Fragen stellen: Welchen Lebensstil wollen wir in unserem Haus pflegen? Wie sieht die Gestaltung unseres Alltags aus? Und wie können wir als Hausgemeinschaft eine nachhaltige Lebensweise fördern?

Eine dieser Freiheiten als Hausbesitzer ist es, dass wir uns überlegen können, wie wir uns mit Nahrungsmitteln versorgen wollen. Eva Maria aus der Finanzgruppe und Petra, die damals das Aufnahmegespräch mit uns geführt hat, haben die Initiative ergriffen, um eine Lebensmittel-Kooperative zu gründen. Mir gefällt die Idee, dass Bauern aus der Umgebung ihre Erzeugnisse – vorzugsweise aus biologischer Herstellung – ohne Umweg über einen Zwischenhändler zu uns ins Haus bringen. In Österreich gibt es derzeit mehr als vierzig solcher Food-Coops, in Deutschland an die vierhundert. Daher gehe ich zum ersten Treffen, das Eva Maria im Frühling einberuft. Wir überlegen, welche Produkte wir brauchen und welche Bauern wir fragen könnten. Uns fällt spontan eine ganze Reihe an Lebensmitteln ein, die wir gerne über die Lebensmittelkooperative beziehen würden: verschiedene Getreidesorten, Säfte, Obst und Milchprodukte. Gemüse – da sind wir uns einig – eher nicht, weil viele Hausbewohner eine wöchentliche Gemüsekiste bei einem solidarischen Landwirtschaftsbetrieb beziehen. Dieser Bauernhof liefert bereits direkt ins Haus. Beim Treffen einigen wir uns auf einen Namen für unsere Food-Coop und ein Bestellsystem. »Schön wäre es«, sagt Eva Maria am Ende des Treffens, »wenn wir unsere Kooperative für die Bewohner der umliegenden Häuser öffnen könnten.« Wir stimmen alle zu und einigen uns, diesen Schritt nach einer hausinternen Testphase ins Auge zu fassen. In den nächsten Monaten entstehen überall im Haus Initiativen wie die Food-Coop: Ein paar Hausbewohner eröffnen einen kleinen Lebensmittelladen im Erdgeschoß und geben ihm den hübschen Namen *Salon am Park*, kurz »Salon«. Täglich liefern mehrere Bäcker frisches Brot und Gebäck dorthin, und es gibt Kaffee und Kuchen. In der Gemeinschaftsküche formiert sich unterdessen ein »Mittagstisch«: An Wochentagen kochen Hausbewohner und die Architekturbüro-Mitarbeiter abwechselnd ein vegetarisches Menü. Wer will, macht mit: Man kocht einmal im Monat selbst, dafür kann man sich jeden Tag zum gedeckten Tisch setzen. Bald entsteht auch ein regelmäßiger »Abendtisch« für berufstätige Bewohner. Und auch unser »Mobilitätspool« nimmt Formen an: Das Carsharing, das wir über eine bestehende externe Plattform organisieren, läuft an. Clemens und ich bringen unseren blitzblauen VW Caddy darin ein. Sechs andere Bewohner machen das ebenfalls mit ihren Autos. Dazu kaufen wir gemeinsam ein Lastenrad zum Transport von maximal vier Kindern oder von großen Gegenständen. »Toll, was in eurem Wohnprojekt alles möglich ist!«, staunt die zweite meiner drei Freundinnen, als sie mich nach ein paar Monaten zum ersten Mal besucht. »In einem normalen Haus wäre das undenkbar.«

Neben vielen Freiheiten bringt der Besitz eines Hauses aber auch einige Verpflichtungen mit sich. Je nachdem, welche rechtliche Form und wie viele Gemeinschaftsflächen ein Haus hat, fällt mehr oder weniger Arbeit an. Bei Genossenschaftsprojekten etwa übernimmt oft die Geschäftsstelle einen großen Teil der Verwaltung. Wir im Wohnprojekt Wien stehen nach dem Einzug vor einem Berg an neuen Aufgaben. Das Allererste, das uns ziemlich überrascht, sind die vielen Mängel des Hauses: Wir wussten zwar, dass es in der Baubranche normal ist, Gebäude in einem nicht perfekten Zustand zu übergeben. Diese Mängel müssen innerhalb einer gewissen Frist beim Generalunternehmer gemeldet werden, sodass sie behoben werden können. Dass es so viele sein würden, damit haben wir jedoch nicht gerechnet: Wegen des knappen Einzugstermins wurden in den Wohnungen manche Holzböden nicht korrekt geölt, die Jalousien nicht montiert und die ökologischen Wandfarben nicht richtig aufgetragen. Und die Lüftungsanlage, die Teil unserer Wärmeversorgung ist, verursacht in einigen Wohnungen laute Geräusche.

Dazu kommt das ganze Tagesgeschäft einer Hausverwaltung, das wir plötzlich auf die Reihe bekommen müssen: Mieten einheben, Rechnungen ausstellen, Handwerker beauftragen, die Reinigung unseres Hauses einteilen und die Nutzung der Gemeinschaftsflächen organisieren. Einen Teil davon übernimmt eine Bewohnerin, die für ein paar Stunden pro Monat bezahlt wird. Wohnprojekt-Berater geben die Empfehlung, die Verwaltung eher an ein professionelles Unternehmen auszulagern. »Hausverwaltungen sind in der Regel nicht teuer. Es ist eine anspruchsvolle Aufgabe, und von der Verwaltung eines einzelnen Hauses kann man nicht leben«, meint Lars Straeter vom Baugruppenberater *Conplan*. »Wenn sich eine Gruppe entscheidet, das selbst zu übernehmen, dann muss sie es gut machen – denn sonst wird es schnell chaotisch. Wichtiger als die Nebenkostenabrechnung ist die Gestaltung des Gemeinschaftslebens. Vor allem dazu sollte die vorhandene Energie verwendet werden.«

Auf viele Hausbesitzer-Pflichten waren wir gut vorbereitet, doch manche Dinge haben wir ganz einfach übersehen. Eine Sache davon ist so banal, dass wir darüber sogar lachen könnten, würde nicht die Sicherheit in unserem Haus am Spiel stehen: Irgendeinem Nachbarn fällt eines Abends bei einem Rundgang durchs Haus auf, dass einige unserer Außentüren – und das sind insgesamt ziemlich viele – unversperrt sind. Gute Frage: Wer schließt abends eigentlich ab?

Mach du mal

»Die Füße wechseln sich ab beim Gehen.«
OSTAFRIKANISCHES SPRICHWORT

Das große »Wohnprojekt-Tief«, das Architekt Markus bei der Schlüsselübergabe unseres Hauses vorausgesagt hat, ist bei mir persönlich zum Glück bisher ausgeblieben. Zumindest in den ersten zweieinhalb Monaten, in denen wir nun im Wohnprojekt wohnen. Vielleicht ist das Tief vorübergezogen, ohne dass ich es gemerkt habe?

In jedem Zimmer unserer Wohnung stehen noch volle Umzugskartons, der Vorhangstoff türmt sich in einer Ecke des Schlafraums, und der Vorzimmerschrank ist vollgestopft mit Lampen und Handtuchhaltern, die auf ihre Montage warten: Die Besiedelung unserer Wohnung nimmt mehr Zeit in Anspruch, als ich erwartet habe. Auch dauert es, bis wir uns im neuen Stadtteil zurechtfinden. Nach und nach erkunden wir die Wege des Alltags: zum Supermarkt, zur Post, zu den öffentlichen Verkehrsmitteln, zum Kindergarten. Nur langsam kommen wir auch im Haus zu neuen Routinen. Praktischerweise finden die Sitzungen der Arbeitsgruppen nun in den Gemeinschaftsräumen statt – ich gehe gleich direkt in den Hauspantoffeln zu den Treffen, denke ich. Doch so weit kommt es ohnehin nur selten: Wenn ich es überhaupt schaffe hinzugehen, dann hetze ich direkt von der Redaktion, ohne einen Bissen Abendessen, zu den Besprechungen.

Wie auch zu einem Treffen des Finanz-Kreises Mitte März: Während die anderen Gruppenmitglieder mit ordentlich vorbereiteten Unterlagen Punkt für Punkt die Agenda abarbeiten, blitzen in meinem Kopf all die unerledigten Dinge der letzten Tage und Wochen auf: der Wäscheberg im Badezimmer; das versprochene selbst gebackene Biskuit-Lamm für die Osterfeier im Kindergarten; die unfertige Reportage über den Verpackungskonzern, die ich morgen abgeben muss ... »Barbara, könntest du vielleicht das Abendessen für unsere Unterstützer organisieren?«, reißt mich Heinz aus meinen Gedanken und sieht mich eindringlich an. »Du weißt schon, das kleine Dankeschön für die externen Leute, die uns während der Bauzeit mit Rat und Tat zur Seite gestanden sind«, setzt er fort. »Ja, klar«, antworte ich. Eigentlich wäre mir eher zumute nach: »Nein. Ich kann nicht. Ich schaffe das alles bald nicht mehr.«

Beim Einstieg ins Wohnprojekt Wien haben wir uns alle vertraglich verpflichtet, elf Stunden pro Monat für das Haus zu leisten und diese Stunden genau zu dokumentieren. Diese Regelung sollte eigentlich dazu dienen, dass die Arbeit auf vielen Schultern lastet.

Eigentlich – denn tatsächlich sind die Stunden recht unterschiedlich verteilt. Im Durchschnitt werden zwar mehr als zehn Stunden pro Monat und Kopf erbracht, doch manche leisten um ein Vielfaches mehr, andere hingegen kommen nur auf ein paar Stunden – pro Jahr! Der Großteil – dazu zählen Clemens und ich – macht mal mehr, mal weniger. Eine Arbeitsgruppe hat detailliert festgelegt, welche Tätigkeiten als »Wohnprojekt-Stunden« – wie wir sagen – gelten. Ohne diese unbezahlten Tätigkeiten hätten wir unser Projekt niemals realisieren können. Rund 24 000 Stunden haben sich die Bewohner bis zum Einzug ehrenamtlich engagiert. Gut die Hälfte davon floss in Tätigkeiten wie Planung und Finanzierung, die andere Hälfte in Zusammenkünfte, die unter dem Schlagwort »Gemeinschaftsentwicklung« zusammengefasst werden können: die Aufnahme neuer Mitglieder oder Großgruppentreffen.

»Die unterschiedlichen Arbeitsintensitäten sind eines der schwierigsten Themen überhaupt in Baugemeinschaften«, sagt der Wiener Wohnprojekt-Experte Gernot Tscherteu. »Von vielen Bewohnern wird die Arbeitsverteilung als ungerecht wahrgenommen. Die Aufzeichnung der Stunden ist zwar keine Garantie, dass es besser funktioniert. Das Thema kann aber besser angesprochen werden, weil dadurch alles transparenter ist.«

Drei Monate nach unserem Einzug soll unser Haus auch organisatorisch einen Übergang von der Bauphase in die Wohnphase vollziehen. Die Aufgaben müssen neu verteilt werden. Dazu gehört es, die Struktur anzupassen. Eine Gruppe unter der Leitung von Christine hat sich unter Einbeziehung aller Bewohner genau überlegt, wie die einzelnen Arbeitskreise sinnvoll neu aufgeteilt werden. Beispielsweise wird die Arbeitsgruppe Architektur stillgelegt, dafür eine Gruppe geschaffen, die sich mit allen technischen Details unseres Hauses auskennt. Christine hat den Übergang von langer Hand vorbereitet, und als dessen Schlusspunkt sollen Mitte März die drei Vorstände des Vereins und die Leiter der neuen Arbeitsgruppen gewählt werden. Bis zum Einzug hatten jene Personen, die diese Positionen bekleideten, sehr viel zu tun. Vor allem für Heinz und Eva Maria war das Amt teilweise ein Halbtagsjob. Nun sollen andere Nachbarn ran. Die Arbeit soll neu aufgegliedert werden – kann sie tatsächlich gerechter verteilt werden?

Wir führen Wahlen nach soziokratischen Prinzipien in Form einer offenen Wahl durch: Im Vorfeld kann jeder Bewohner einen anderen für jede Funktion mit einer Begründung nominieren. Die Wahlleitung hängt eine Woche vor der Wahl große Plakate mit den Namen der Nominierten und den Begründungsstatements im Foyer aus. Mehr als zweihundert Nominierungen für rund vierzig Personen stehen auf den Zetteln geschrieben. Mein Puls steigt, als ich sehe, dass meine Nachbarn mich insgesamt zehn Mal für verschiedene Funktionen vorgeschlagen haben: als Leiterin der Finanzgruppe, als Rechnungsprüferin oder als Schriftführerin des Vereins. Sogar für die verantwortungsvolle Position als Kassierin haben mich zwei Leute in Betracht gezogen, nämlich Heinz und Eva Maria. Als ich ihre Begründungen lese, geht mir das Herz auf. Heinz hat formuliert: »Barbara ist sachkompetent, zuverlässig und hat auch die soziale Fähigkeit, diesen wichtigen Job zu machen.« Und Eva Maria hat geschrieben: »Mit ihrer klaren Umsicht für komplexe Dinge ist Barbara sicher gut als Kassierin geeignet. Auf Barbara kann frau immer zählen.«

In der Woche vor der Wahl frage ich mich immer wieder genau das: Kann auf mich gezählt werden? Soll ich eine der Nominierungen – vor allem die Leitung der Finanzgruppe – annehmen? Ich fühle mich verpflichtet, ein Amt zu übernehmen. Mein Beitrag zum Gelingen unseres Wohnprojekts war bislang nicht besonders groß, und ich habe nie wirklich Verantwortung für einen Bereich getragen. Zwar müsste ich dann immer noch gewählt werden, doch die Chancen stehen gut, dass ich diese Position erhalte. Denn die anderen, die nominiert sind, haben entweder schon sehr viel Zeit ins Wohnprojekt gesteckt – wie Heinz und Eva Maria – oder können die damit verbundenen Aufgaben zeitlich nicht erfüllen, wie Filmproduzent Alexander. Einen Tag vor der Wahl sage ich also zu, als Kandidatin für die Finanzgruppen-Leitung anzutreten.

* * *

Am Morgen des Wahltags frühstücke ich im »Salon«. Ich habe schlecht geschlafen, bin aufgewühlt. Heute fühlt sich meine Entscheidung, zu kandidieren, nicht mehr so gut an. Wenn ich daran denke, dass auf meinen Schultern die Verantwortung für die Gruppe lastet, verspüre ich Beklemmung und Nervosität. Ich müsste dann alle Treffen koordinieren und vorbereiten, am Leitungskreis teilnehmen und Budgets erstellen. Wie soll sich diese Aufgabe mit meinem übrigen Leben ausgehen? Wenn ich es jetzt schon kaum schaffe, zu den Treffen zu gehen, wie soll ich dann die Verpflichtungen als Arbeitsgruppenleiterin erfüllen?

In diesem Moment spüre ich, was Architekt Markus gemeint hat. Jetzt ist es doch da, mein Wohnprojekt-Tief: Es ist ein Zustand der Überforderung, der Erschöpfung. Bis zum Einzug hat die Vorfreude meinen Energiehaushalt angeheizt. Nun, nach der kräfteraubenden Übersiedelung, fällt alles in sich zusammen. Vielleicht ergeht es mir so wie der Hauptfigur Sandra im Roman »Bodentiefe Fenster« von Anke Stelling? Die zweifache Mutter – von Beruf Journalistin, wie ich selbst – lebt in einem Wohnprojekt in Prenzlauer Berg in Berlin und knickt unter dem Druck des Alltags und ihren hohen Ansprüchen langsam, aber sicher ein: Sie schlittert in die Depression.

»Du siehst so bedrückt aus«, sagt Stefanie und setzt sich mit ihrem Kaffee an meinen Tisch. Stefanie ist die ältere Nachbarin, die ein paar Türen weiter bei uns im Stock wohnt. Wir haben uns mit ihr angefreundet. Sie hat Clemens geholfen, ein Geschäftslokal für seinen neuen Schuhladen zu finden, und sie unterstützt uns in der Betreuung von Theo, indem sie ihn einmal pro Woche vom Kindergarten abholt. Ganz ohne Bezahlung – es sei eine Nachbarschaftshilfe, sagt sie. Ich berichte ihr, welche Sorgen mir die Wahl heute Nachmittag bereitet. »Kennst du denn gar nicht das ›schwere Nein‹?«, fragt sie, nachdem ich ihr mein Herz ausgeschüttet habe. Ich blicke sie erstaunt an: »Nein, noch nie gehört.« Sie erzählt mir, dass die Wohnprojekt-Leute bei einem Großgruppen-Treffen vor unserem Einstieg geübt hätten, wie es ist, Nein zu sagen – auch wenn es schwerfällt. In Rollenspielen dachten sie sich verschiedene Anlässe aus, wo ein Nein angebracht wäre, aber nicht leicht über die Lippen kommt. »Du kannst deine Kandidatur noch immer zurückziehen«, ermutigt mich Stefanie.

Das »schwere Nein« fällt mir tatsächlich schwer. Denn ich muss mir eingestehen, dass ich derzeit einfach nicht mehr Wohnprojekt-

Arbeit leisten kann. Kurz vor der Abstimmung gebe ich der Wahlleitung deshalb bekannt, dass ich doch nicht zur Verfügung stehe.
Die Wahl selbst verläuft etwas schwierig: Wir haben Mühe, drei Personen für den Vorstand unseres Vereins zu finden. Ähnlich wie ich kandidieren viele vorgeschlagene Personen nicht. Aus den ursprünglich mehr als vierzig Nominierten bleibt nur eine Handvoll Menschen übrig – das Wohnprojekt-Tief hat offenbar auch andere Bewohner erfasst. Schließlich erklären sich Christine, Erna und Jan bereit, den Vorstands-Job zu machen. Heinz wird Leiter der Finanzgruppe. Schon wieder er, denke ich mit etwas schlechtem Gewissen. Und schon wieder Christine, Erna und Jan, die ebenfalls schon sehr viel Zeit und Energie für das Haus aufgebracht haben. »Diese eine Periode noch«, sagt Heinz nach seiner Ernennung. »Bei der nächsten Wahl in zwei Jahren muss aber wirklich jemand anderer das Ruder übernehmen.«

Für viele Wohnprojekte ist die gerechte Arbeitsaufteilung ein Balanceakt. Denn was ist schon gerecht? Soll man von einer Alleinerzieherin, die all ihre Verpflichtungen nur mit Ach und Krach unter einen Hut bringt, gleich viel Gemeinschaftstätigkeit verlangen wie von einer pensionierten Person, die in der Wohnprojekt-Arbeit große Erfüllung findet? Die Häuser müssen also eine Regelung finden, die so weit tolerant ist, dass sie Menschen, die wenig Stunden erbringen können, nicht ausschließt, und verbindlich genug, um alle Bewohner ins Boot zu holen. Für Organisationen wie Genossenschaften und Vereine stellt sich außerdem die Frage, wie sie zu Wegen finden, die über die formalen Engagements wie Generalversammlung und Siedlungskommissionen hinausgehen. Eine aktuelle Studie von Forschern der Hochschule Luzern rund um die Soziologin Barbara Emmenegger hat festgestellt, dass sich im Kontext des genossenschaftlichen Wohnens die Formen des Engagements von diesen formalen hin zu individualisiertem, informellerem Engagement verschieben. Diese Art des Tätig-Werdens, etwa in kleineren Arbeitsgruppen oder in bestimmten Gemeinschaftsräumen, wird von den Bewohnern als sinnstiftender und einladender empfunden.

Manche Kollektivbauten sind hinsichtlich ihrer Gemeinschaftsarbeit liberal: kein Stunden-Soll, keine Arbeitsverpflichtung.

Andere Projekte handhaben das Thema strenger: Sie verlangen von ihren Mitgliedern eine fixe Stundenanzahl, die anhand der Tätigkeiten genau aufgezeichnet werden muss. Wird diese Vorgabe nicht erfüllt, müssen die Bewohner ihr Minus in Geld nachzahlen. Wenn ein Mitglied länger passiv ist, droht der Ausschluss. Das Wohnprojekt Wien liegt mit seinem Zugang in der Mitte dieser beiden Systeme: Es gibt die Verpflichtung, Stunden zu erbringen und diese zu dokumentieren; Sanktionen hingegen werden nicht ergriffen.

Immerhin habe ich die Organisation des Abendessens für die Unterstützer des Wohnprojekts Wien hinbekommen, die mir von der Finanzgruppe aufgetragen wurde. Mitte Mai findet in unserer nagelneuen Küche das Dankes-Dinner für eine Handvoll Leute aus anderen Wohnprojekten und ehrenamtliche Berater statt. Eva Maria hat ein indisches Curry gekocht, ich habe mich um den Nachtisch gekümmert. Wir trinken Wein, und ich komme mit meiner Tischnachbarin ins Gespräch. Es ist Ute Fragner aus der *Sargfabrik Wien* – das Haus feiert bald sein zwanzigjähriges Bestehen. Ute war eine der Gründerinnen und mehrere Jahre im Vorstand. Sie hat uns während der Bauphase bei vielen Themen beraten. Ich will von ihr wissen, wie die Gemeinschaftsarbeit in der *Sargfabrik* verteilt ist. »Jeder kann so viel einbringen, wie er möchte. Ein Drittel der Bewohner ist sehr aktiv, ein weiteres Drittel macht manchmal etwas, und das letzte Drittel beteiligt sich so gut wie gar nicht«, sagt Ute. »Stört es euch nicht, dass so viele sich einfach zurücklehnen?«, frage ich. »Es hat keinen Sinn, die Leute zu Gemeinschaftstätigkeiten zu zwingen. Nur wer etwas gerne tut, macht es gut. Jeder kann und soll eine Aufgabe finden, die er mag und die ihn oder sie beflügelt. Wir akzeptieren, dass es manche gibt, die nichts oder auch zeitweise nichts beitragen. Das ist okay«, meint sie.

Allerdings gibt es in Wohnprojekten unterschiedliche Mitarbeiter-Typen: Da sind jene »Macher«, die von selbst initiativ werden und gestalten. Diese Menschen brauchen keine Regeln, weil sie ohnehin aktiv sind. Doch dann gibt es auch Bewohner, die sich in Strukturen wohlfühlen und eine gewisse Orientierung benötigen. Andere wiederum brauchen klare Ansagen, weil sie sonst in ihre

Bequemlichkeit zurückfallen.»Wenn Gruppen möchten, dass so viele Mitglieder wie möglich mittun, dann sind Regeln hilfreich. Manche Menschen brauchen Regeln, um sich einbringen zu können«, meint Karsten Franke, Initiator des Beratungsbüros *Die Gemeinschaftsbegleiter* in Hamburg. Er beschäftigt sich seit zwanzig Jahren mit Gemeinschaftshäusern und kennt viele Gruppen von innen, etwa die schottische *Findhorn Community*.

In fast jedem Haus gibt es trotz klarer Regeln auch Einzelne, die nichts beitragen. Franke warnt davor, diese Gruppe pauschal als Faulenzer zu verurteilen. Oft würden andere Gründe dahinterstecken, warum Leute nicht von der Couch hochkommen. Darum ist es wichtig, die Ursachen dafür zu erkennen. Franke:»Manchmal herrscht das Gefühl vor, nicht an die Gruppe angebunden zu sein oder nicht mitentscheiden zu können.« Bei uns im Wohnprojekt Wien etwa führen die Ombudspersonen zunächst ein Gespräch mit denjenigen, die weit weg vom Stunden-Soll liegen. Außerdem haben wir großzügige Ausnahmeregelungen – etwa, dass Mitglieder, die herausfordernde Lebensumstände wie die Geburt eines Kindes oder die Pflege eines Angehörigen zu meistern haben, sich für maximal ein Jahr karenzieren lassen können.

Und dennoch sorgt die Arbeitsverteilung in unserem Haus für Unbehagen. Als Heinz im Herbst eine Projektgruppe zu diesem Thema einberuft, steht ein Thema ganz oben auf der Agenda: Konsequenzen und Sanktionen für jene, die zu wenig beitragen. Zum ersten Treffen kommen viele Nachbarn. Auch ich. Mich nervt das detaillierte Protokollieren der Stunden. Ich vergesse es oft, und dann macht es den Anschein, als würde ich nichts für das Wohnprojekt arbeiten. Viele in der Runde hingegen sind für die Dokumentation, weil es einen Überblick schafft, wer welche Aufgaben übernimmt.

Wir sind uns einig, dass die Gemeinschaftstätigkeiten ein Ausdruck sind, Teil dieses Hauses zu sein. In der Diskussion stellen wir fest, dass Sanktionen nicht einfach sind. Daher beschließen wir, in den nächsten Jahren andere, etwas liberalere Regelungen auszuprobieren. Zuerst wollen wir testen, wie es läuft, wenn jeder sich im Vorhinein selbst auf eine gewisse Stundenanzahl festlegt, die er dann erbringen muss. Vielleicht finden wir ja so zu einer besseren Verteilung der Hausarbeit?

Nachbarin im Nachthemd

»*Eine Gesellschaft Stachelschweine drängte sich, an einem kalten Wintertage, recht nah zusammen, um durch die gegenseitige Wärme, sich vor dem Erfrieren zu schützen. Jedoch bald empfanden sie die gegenseitigen Stacheln; welches sie dann wieder von einander entfernte. Wann nun das Bedürfnis der Erwärmung sie wieder näher zusammen brachte, wiederholte sich jenes zweite Übel; so daß sie zwischen beiden Leiden hin und hergeworfen wurden, bis sie eine mäßige Entfernung von einander herausgefunden hatten, in der sie es am besten aushalten konnten.*«

ARTHUR SCHOPENHAUER, »DIE STACHELSCHWEINE« (1851)

Wenn ich nach einem anstrengenden Arbeitstag von der U-Bahn-Station durch den großen Park nach Hause gehe, habe ich mindestens zehn Minuten lang unser Wohnprojekt frontal im Blick, bevor ich die Eingangstüre erreiche. Meistens gehe ich die Stockwerke durch, schaue, bei wem Licht brennt und wie hoch die Pflanzen auf den Balkonen gewachsen sind. Bei jeder einzelnen Wohnung weiß ich, wer darin wohnt. Unser Haus ist mein kleines Dorf, wo alles vertraut ist: die Menschen, die Atmosphäre, der Geruch. Fremd sind mir in der letzten Zeit nur meine eigenen Gefühle. Es sind viele neue Gefühle. Vor dem Leben in meinem kleinen Dorf kannte ich diese Emotionen gar nicht so genau. Doch nun sind sie da.

Ich dachte immer, Gemeinschaft mache glücklich. Viele Zeitungsberichte legen diesen Schluss nahe, wie auch eine Covergeschichte des populärwissenschaftlichen *Psychologie Heute* vom Juni 2015 mit dem Titel »Gemeinsam glücklich«. Dort heißt es, dass Menschen, die einer Gemeinschaft angehören und sich mit ihr identifizieren, einen moralischen und praktischen Rückhalt verspürten. Das baue Stress ab und verringere Einsamkeitsgefühle. Alleine zu wissen, dass andere für Hilfe verfügbar sind, tut gut – unabhängig davon, ob man sie am Ende wirklich in Anspruch nimmt. Außerdem ist Gemeinschaft förderlich für die Gesundheit: das Risiko für Depressionen, Schlaganfall und andere Krankheiten sinkt. Und im Alter funktioniert das Gedächtnis besser, weil sich das Verhalten in Gemeinschaft ändert:

In einer Studie in Schottland zeigte sich anhand von 1800 Patienten, dass jene, die mehreren Gruppen angehörten, in Hinblick auf Sport, Ernährung, Alkoholkonsum und Rauchen gesünder lebten. Die Zugehörigkeit zu einer Gewerkschaft etwa steigert das Wohlbefinden sogar stärker, als auf die nächste Gehaltsstufe zu klettern. Und ein Mensch, der Teil einer Gruppe ist, wird von Außenstehenden sogar für attraktiver befunden, als wenn er alleine auftritt. Das Phänomen ist unter dem Namen »Cheerleader-Effekt« bekannt. All das, so hatte ich erwartet, würde ich im Wohnprojekt finden: Glück in Gemeinschaft.

Stattdessen bekam ich diffuse Gefühle von innerem Druck: Meine Freundinnen werfen mir seit ein paar Monaten immer wieder vor, dass ich kaum noch Zeit für sie hätte und dauernd mit meinen Nachbarn zusammen sei. Sie haben recht. Ich kenne manche meiner Nachbarn noch gar nicht so gut und will daher Gelegenheiten nutzen, um mich mit anderen Wohnprojekt-Leuten anzufreunden. Bei 65 Erwachsenen ist das naturgemäß ein zeitaufwendiges Unterfangen.

Es fällt mir schwer, mich vom Haus loszureißen und meine Freundinnen zu treffen, wenn ich weiß, dass ein Konzert im »Salon« oder ein Fußballmatch im Garten am Programm steht. Manchmal füllt sich mein Kalender wie von selbst mit Terminen im Haus. Außerdem hatte ein Nachbar vor Weihnachten den wunderbaren Einfall, dass an jedem Tag eine andere Wohnung ihre Tür einen Abend lang für die Bewohner öffnet – ähnlich einem Adventkalender. Bei diesen Anlässen wird getrunken, gegessen und manchmal bis spät in die Nacht gefeiert. Ich gehe zunächst gerne zu diesen »Adventtürchen«, weil es nette Runden sind. Doch nach ein paar Abenden – mit jeweils mehreren Gläsern Wein – stelle ich fest, dass ich mich von Tag zu Tag mehr motivieren muss und bald nur mehr aus einem einzigen Grund auftauche: Ich habe Angst, etwas zu versäumen.

Gruppendruck entsteht meist subtil und relativ schnell. Es bedeutet, dass Menschen ihr Verhalten aufgrund verschiedener Normen oder Erwartungen einer Gruppe ändern. Sie passen sich an – und geben damit einen Teil ihrer Freiheit auf. Gruppenzwang zeigt sich in vielen Formen: Es kann das schlechte Gewissen sein, sich zu wenig zu engagieren, oder das Gefühl, zu einer Party gehen zu müssen, obwohl man eigentlich nicht will. Bis zu einem gewissen Grad ist Gruppendruck normal, sogar wichtig: Seit der Steinzeit haben Gruppen das Überleben des Einzelnen gesichert, weil die Gemeinschaft den dafür notwendigen Schutz bot. Individuen ordneten sich freiwillig unter, um über die Runden zu kommen – sie wären gar nicht auf die Idee gekommen, ihre Individualität besonders hervorzukehren oder gar gegen die Gruppe zu richten. Die Herkunftsgruppe (Familie) kennt heute auch Alternativen. Viele Heranwachsende sind der eigenen Herkunftsgruppe gegenüber kritisch eingestellt, passen ihr Verhalten und ihre Einstellungen jedoch problemlos an die Gleichaltrigengruppe an, um dort akzeptiert zu werden und etwas zu gelten. Doch manchmal ist es auch wichtig, dass Menschen sich dem Gruppendruck entziehen.

»Es braucht eine Doppelstrategie gegen den Gruppenzwang: einerseits eine Abgrenzung des Einzelnen. Das alleine ist aber zu wenig, weil man schnell als asozial abgestempelt wird«, sagt Ewald Krainz, Universitätsdozent für Gruppendynamik und Organisationsentwicklung in Klagenfurt. »Andererseits ist die Frage zu stellen, ob es anderen auch so geht. Wenn ja, muss das Phänomen adressiert und ein Diskurs auf der Werteebene geführt werden. Die Gruppe kann sich etwa fragen: Leute, wie leben wir hier eigentlich?«

An einem Wochenende kurz vor Weihnachten, wo wieder einmal das soziale Angebot die persönliche Kapazität sprengt – es sind ein Adventsingen in der Bibliothek, eine Geburtstagsparty in der Gemeinschaftsküche und der Weihnachtsmarkt im Veranstaltungssaal angesagt –, mache ich eine sehr simple Entdeckung: Ich erkenne den hohen Wert einer Türe. Einfach verschließen und drinnenbleiben in der Wohnung – draußen ist draußen, und dort kann meinetwegen der Bär steppen. Ich verbringe ein gemütliches Wochenende mit Clemens und Theo und lade endlich meine Freundinnen zum Kaffee ein. Sonst nichts. Und weil diese Distanz zwischen meinen Nachbarn und mir mal ganz guttut, entwickle ich in den nächsten Wochen noch mehr Strategien der Abgrenzung. Wenn ich etwa durch das Treppenhaus gehe und mit niemandem reden will, hole ich mein Handy hervor und tue so, als ob ich gleich jemanden anrufen müsste. Oder wenn mir ein zufälliges Gespräch mit einem Nachbarn zu lange dauert, bleibe ich nicht mehr nur freundlich nickend, aber innerlich angespannt stehen – sondern sage klipp und klar, ich müsse jetzt weiter.

Trotz aller Abgrenzungs-Strategien ist es merkwürdig, wie nahe wir uns hier stehen. Es sind oft nur kleine, unbedeutend wirkende Naheverhältnisse. Aber sie machen etwas mit uns. Vor Weihnachten haben wir Tom und Eva zum Frühstück eingeladen. Unsere Wohnung ist in einem ziemlich unordentlichen Zustand. Früher, in meiner Altbauwohnung, hätte ich vor dem Besuch nervös aufgeräumt. Im Wohnprojekt habe ich diese Verhaltensweise schon in den ersten Wochen abgelegt. Ganz einfach, weil es praktisch nicht mehr umsetzbar war: Manche Nachbarn kündigen sich nicht groß an. Sie läuten, und im nächsten Moment haben sie schon auf meinem Wohnzimmersofa Platz genommen. Bei den ersten derartigen Spontan-Visiten habe ich mich für das Durcheinander in der Wohnung noch entschuldigt. Seit ich aber gemerkt habe, dass es bei anderen zu Hause nicht viel ordentlicher ist, habe ich auch die Ausreden aufgegeben. Als Tom und Eva zur Türe hereinkommen, habe ich noch mein Nachthemd an; Clemens liegt im Pyjama im Bett. Doch zu meiner Überraschung tragen auch die beiden Gäste ihre Schlafanzüge. »Hey, Pyjamaparty!«, begrüßen sie mich.

»Ich habe mich kürzlich sogar im Nachthemd in den »Salon« getraut, um Frühstück zu holen«, sage ich. Und dann erzählen wir uns, welche Nachbarn wir ebenfalls schon im Schlafanzug im »Salon« gesehen haben. »Im Nachthemd frisches Brot holen, das ist Lebensqualität, nicht wahr?«, sage ich. Doch es ist nicht nur das frische Brot, das diese Lebensqualität ausmacht. Sondern es ist die Gewissheit, dass ich ungewaschen, ungeschminkt, unfrisiert und nur im Nachtgewand meinen Nachbarn gegenübertreten kann – und sie mich trotzdem gernhaben.

* * *

Zwei Wochen später ist Silvester, und ich mache Bekanntschaft mit einem anderen unguten Gefühl. Clemens und ich wollten das erste richtige Silvester im neuen Haus gemeinsam mit unseren Nachbarn feiern. Jemand hat per E-Mail alle Bewohner für den letzten Abend des Jahres in die Gemeinschaftsküche eingeladen. Als Theo schläft, ziehen wir uns schön an, schalten das Babyfon ein und schreiten mit zwei Flaschen Wein hinunter in die Küche. Ein paar ältere Nachbarn sitzen gemütlich um einen der großen Tische, trinken Sekt und unterhalten sich prächtig. Ich finde nur schwer einen Anknüpfungspunkt für ein Gespräch, und nach einer Stunde hat sich die Konversation erschöpft. Wir gehen zurück in unsere Wohnung. Alleine.

Am Silvesterabend alleine im Gemeinschaftshaus – es ist ein komisches, fast deprimierendes Gefühl. Meine Stimmung verschlechtert sich noch mehr, als wir auf den Balkon gehen, um zu rauchen: Wir hören Musik, Gelächter, Gesprächsfetzen – Filmproduzent Alexander und seine Freundin Andrea feiern zwei Stockwerke unter uns eine wilde Party mit vielen Gästen. Ich erkenne die Stimmen vieler meiner Nachbarn; sie amüsieren sich und tanzen. »Warum sind wir nicht eingeladen?«, frage ich Clemens. »Weiß nicht, ist auch egal«, meint er. »Ich wäre auch gerne auf der Party. Ich fühle mich richtig ausgeschlossen«, sage ich. Clemens reagiert nicht. »Das ist gemein, dass wir nicht dabei sein können«, rede ich weiter. »Bitte, hör auf, wir sind doch nicht im Kindergarten. Das ist doch nicht schlimm. Dann sind wir eben nicht eingeladen«, antwortet er und geht zurück in die Wohnung.

An diesem einsamen Silvesterabend wird mir zum ersten Mal seit dem Einzug vor einem Jahr bewusst, was dieses Gemeinschaftsgebilde eben *auch* ist: Es ist eine Ansammlung von verschiedenen Gruppen und Untergruppen, von denen man auch ausgeschlossen sein kann. Gemeinschaft besteht ja nur aus einem Haufen Menschen, die durch bestimmte Umstände oder Werte miteinander verbunden sind. Über die Qualität der Beziehung unter diesen Menschen sagt das noch wenig aus. In der Soziologie gibt es einen feinen Unterschied zwischen »Gemeinschaft« und »Gruppe«. Eine Gruppe besteht immer aus einer überschaubaren Anzahl von Personen, die so klein ist, dass alle miteinander in Kommunikation stehen können. Wie der Kreis der besten Freunde etwa.

Eine Hausgemeinschaft ist streng genommen keine Gruppe, weil sie dafür viel zu groß ist. In jedem größeren Wohnprojekt bilden sich aber automatisch Untergruppen. Sie entstehen durch Sympathie, die Tätigkeit im gleichen Arbeitskreis oder ähnliche Lebensgewohnheiten. Eltern etwa finden sich relativ schnell zusammen. Anthropologen wie der berühmte Affenforscher Francis de Waal meinen, dass der Mensch von Natur aus ein »Gruppentier« sei. Gruppenbildung geschieht ganz von selbst. Problematisch ist das in Wohnprojekten nur, wenn jene Gruppe, die formal dazu befugt ist, große Entscheidungen zu treffen, von den anderen Bewohnern als geschlossene Untergruppe gesehen wird. Das sollte nicht passieren.

Das erste Jahr im Haus hat mir diese Fülle an neuen Gefühlen gebracht: Nähe, Distanz, Ausschluss, Abgrenzung – alles durcheinander und gleichzeitig. Und die Erkenntnis, dass es doch nur zwei oder drei Menschen in dieser großen Gemeinschaft gibt, die in dieser Zeit meine Freunde geworden sind. Freundschaft ist etwas anderes als Gemeinschaft. Wenn ich mit Clemens über meine Gefühle sprechen will, blockt er meistens ab. Er spüre diese Emotionen nicht so wie ich, meint er dann. Ich glaube ihm sogar. Er nimmt vieles gelassener. Er kränkt sich nicht, wenn er bei einer Party nicht dabei ist, und schafft es viel leichter, bei einer Einladung abzusagen, wenn er keine Lust dazu hat. Ich frage mich, ob all diese Emotionen ganz normal sind in Wohnprojekten – oder ob es an meiner Persönlichkeitsstruktur liegt?

Aufschlussreich ist eine umfangreiche Forschungsarbeit von der Universität zu Köln mit dem Titel »In Gemeinschaft leben – eine Analyse von Ideal und Realität intergenerationeller Wohnprojekte« (2013) über zwei Mehrgenerationen-Häuser in Köln. In dieser Dissertation wurde festgestellt, dass die Bewohner in der Wohnphase einen Moment des Erwachens erleben, wenn die romantischen Vorstellungen einer Gemeinschaft auf die Realität treffen. Die erhofften solidarischen Beziehungen werden in den Projekten zwar gelebt, dazu kommen aber auch Erfahrungen mit Konflikten und Segregation – trennende Aspekte durch Einzelkontakte, inoffizielle Subgruppen, offizielle Kleingruppen sowie verschiedenartige Kommunikationsweisen. In der Studie wird das Wohnen als Hin- und Herpendeln zwischen unterschiedlichen Polen beschrieben: Nähe und Distanz, Individualität und Gemeinschaft, Abhängigkeit und Geborgenheit sowie Eigeninteresse und Solidarität. Die Arbeit verdeutlicht, dass es für die Bewohner eine Herausforderung ist, die ambivalenten Beziehungserfahrungen zu akzeptieren und diese nicht als Scheitern zu verstehen. Die in der Studie befragten Personen entwickelten im Laufe der Wohnphase verschiedene Strategien, um mit diesen Ambivalenzen besser leben zu können:
- Die *ausbalancierten Optimierer* haben gelernt, dass ambivalente Erfahrungen zum Leben in einem Wohnprojekt dazugehören. Sie setzen sich jedoch aktiv dafür ein, die positiven Seiten zu leben und zu kreieren.

- Die *pragmatischen Nischennutzer* ziehen sich aufgrund ihrer Erlebnisse im Wohnprojekt eher zurück und suchen sich dabei vorhandene Nischen, in denen sie ihre Bedürfnisse ausleben können. Sie zeigen sich eingeschränkt partizipativ und solidarisch.
- Die *egozentrischen Individualisten* fokussieren eher ihre eigenen Interessen, was im Lauf der Zeit zu einer ungewollten Nicht-Partizipation an der Gemeinschaft führt. Sie sind tendenziell eher oberflächlich vernetzt und kommunizieren eher in einer emotional-kämpfenden Weise.

Diese drei Wohnprojekt-Typen mögen vielleicht etwas plakativ sein. Sie zeigen aber, dass die Bewohner in einer Hausgemeinschaft unterschiedliche Positionen einnehmen. Auch aus der Gruppendynamik sind solche Vorgänge bekannt. Die drei Strategien zeigen allerdings auch, dass zwei dieser drei beschriebenen Typen einen mehr oder weniger starken Rückzug aus der Gemeinschaft vollziehen. Muss das so sein? »Wir haben alle gelernt, uns aus Zwangsgemeinschaften wie der Familie oder dem Heimatdorf zu lösen. Wir haben aber nicht gelernt, in einer freiwilligen Gemeinschaft zu leben«, sagt Karsten Franke vom Beratungsbüro *Die Gemeinschaftsbegleiter*. Ein Wohnprojekt gleicht in dieser Hinsicht einer Beziehung: Zuerst ist man verliebt, nach einer Zeit entzaubert. Dann kommt es zur Trennung – äußerlich oder auch nur innerlich. Oder wir beginnen mit der Beziehungsarbeit.

Teil dieser Beziehungsarbeit in Wohnprojekten ist es, Gelegenheiten zu schaffen, wo Bewohner abseits von Sachthemen über Persönliches sprechen können, etwa Redekreise oder kurze Ankommensrunden am Beginn einer Sitzung. Bei uns im Wohnprojekt Wien findet demnächst sogar ein ganzes Gemeinschaftswochenende statt: Wir reisen miteinander in ein Hotel aufs Land und beschäftigen uns mit unseren Erwartungen ans Zusammenleben. Gibt es solche großen oder kleinen Anlässe nicht, dann gehören immer nur jene zur Gemeinschaft, die selbst gut in Kontakt mit anderen kommen. Jene Bewohner, denen das schwerer fällt, bleiben hingegen außen vor. Außerdem sind Gemeinschaftsaktionen für alle wichtig, um einer starken Bildung von Untergruppen entgegenzuwirken. Franke: »Wir denken, die Gemeinschaft müsse uns etwas bieten. In Wirklichkeit sind wir selbst es, die Gemeinschaft entwickeln müssen. Wenn wir uns wünschen, in einer vertrauensvollen Gemeinschaft zu leben, müssen wir selbst diejenigen sein, denen die anderen vertrauen können. Diese innere Haltung gilt es zu kultivieren.« Gemeinschaft ist ein Lernfeld. Und ich fange gerade erst an, zu lernen. Am Morgen nach unserem einsamen Silvester treffe ich in der Eingangshalle Alexander. Er wischt gerade mit einem Tuch die letzten Reste des Mageninhalts eines Partygasts weg, als ich ihn mürrisch frage: »Na, hattet ihr ein schönes Fest?« Er: »Ja, warum seid ihr nicht gekommen?« Ich: »Wir waren nicht eingeladen.« Er: »Bei uns kann jeder kommen. Die Türe stand sogar offen!«

Okay, Lektion eins: Bei rauschenden Partys von lieben Nachbarn am besten nicht auf eine Einladung warten – sondern einfach hingehen!

Hände hoch, Oma!

»Alt werden ist noch immer die einzige Möglichkeit, lange zu leben.«

HUGO VON HOFMANNSTHAL, ÖSTERREICHISCHER LYRIKER UND DRAMATIKER (1874–1929)

Jeden Nachmittag um die gleiche Uhrzeit klingelt es. Vor der Wohnungstüre steht der Sohn von Nadine und Jan, der ein wenig älter ist als Theo und gleich ein paar Türen weiter im fünften Stock wohnt. Er würde gerne mit Theo spielen, sagt er. Die beiden Jungs verziehen sich dann in eines ihrer Kinderzimmer, gehen in den Spielraum oder bauen ihre Playmobil-Besitztümer am Gang auf. Es dauert nicht lange, bis sich andere Kinder dazugesellen und der kleinen Rasselbande ein gemeinsames Spiel einfällt. Sie verkleiden sich als Piraten, Räuber oder Spiderman und überfallen vorbeigehende Nachbarinnen und Nachbarn. Als Stefanie zufällig aus ihrer Wohnung kommt, stürmt die Kinderhorde mit gezückten Säbeln und Pistolen auf sie zu und schreit: »Hände hoch!«

Auf unserer Etage wohnen elf Kinder. Stefanie ist die Einzige ohne Kinder. Sie war früher Geschäftsführerin einer außeruniversitären Bildungseinrichtung, hat zwei erwachsene Söhne und zwei

Enkelkinder und ist seit Kurzem im Ruhestand. Etwas mulmig war ihr schon zumute, als sie erfuhr, dass ihre Wohnung im »Kinderstockwerk« liegen werde. Würde sie dauernd zum Babysitten gebeten werden und überhaupt zur Ruhe kommen können? Manchmal klopfen die Kinder bei ihr und bitten sie, etwas vorzulesen. Als ich Theo einmal schimpfe, schaut er mich böse an und sagt: »Ich geh' jetzt zu Stefanie.« Obwohl ich in diesem Moment zornig bin, freue ich mich innerlich, weil ich als Kind auch immer meine Großmutter aufgesucht habe, wenn meine Eltern mit mir schimpften. Theo und Stefanie kennen sich. Sie hat den Kleinen eine Zeit lang regelmäßig vom Kindergarten abgeholt. Clemens und ich haben ihr nicht einmal Geld dafür gegeben, weil Stefanie es nicht annehmen wollte – der Kontakt zu Kindern wäre spannend für sie und hielte sie wach, meinte sie.

Seit ich wieder schwanger bin und nicht mehr arbeite, ist diese Hilfe nicht mehr notwendig. Stefanie ist ohnehin andernorts im Einsatz – von Ruhestand kann bei ihr keine Rede sein, eher von »Unruhestand«: Sie hilft im »Salon« aus, bäckt Kuchen und Quiches für Veranstaltungen und ist Leiterin einer Arbeitsgruppe. »Ich habe acht Jahre lang alleine gewohnt und mich zuweilen isoliert gefühlt. Manchmal kostet es mich Überwindung, Freunde anzurufen, um ein Treffen zu vereinbaren«, sagt Stefanie. »Hier im Haus gehören Gespräche mit Nachbarn zum Alltag und geschehen ganz selbstverständlich. Zusätzlich habe ich auch das Gefühl, eine Aufgabe zu haben und gebraucht zu werden.«

Beim Einzug ins Wohnprojekt war Stefanie knapp sechzig Jahre alt. Sie ist damit eine große Ausnahme in ihrer Altersgruppe: Je älter Menschen werden, desto seltener wechseln sie ihren Wohnort. In der Wohnforschung ist dieses Phänomen als Remanenzeffekt bekannt: Auch wenn die Kinder längst ausgezogen sind und der Partner vielleicht verstorben ist, verbleiben viele Ältere in ihrem langjährigen Zuhause. Mehr als neunzig Prozent der Deutschen über 65 leben in der »gewohnten Häuslichkeit«. Bei den Überneunzigjährigen sind es noch immer zwei Drittel. Das kann allerdings dazu führen, dass ältere Menschen in einer ihrer Lebensphase nicht angemessenen Unterkunft leben. Die Wohnungen sind oft zu groß und im Verhältnis zu den Gesamteinkünften zu teuer. Gerade Einfamilienhäuser werden schnell zur Belastung, sei es die Angst vor teuren Reparaturen, die viele Gartenarbeit oder die Furcht vor Einbrüchen. Dazu kommen bauliche Barrieren wie Treppen, Türschwellen oder zu kleine Sanitärräume, die im höheren Lebensalter die Mobilität und eine selbstständige Lebensführung beeinträchtigen können. Gesamtgesellschaftlich führt der Remanenzeffekt dazu, dass der Wohnungsmarkt unbeweglich bleibt. Die Wiener Architektin und Stadtplanerin Freya Brandl hat in einer Forschungsarbeit für die Technische Universität Wien berechnet, dass im Jahr 2035 rund 600 000 Wienerinnen und Wiener älter als sechzig Jahre sein werden. Wenn zehn Prozent dieser Menschen statt auf hundert nur noch auf fünfzig Quadratmetern wohnen würden, würde das der Stadt zusätzlich drei Millionen Quadratmeter Nettowohnfläche bringen.

Freya Brandl selbst ist seit zehn Jahren Witwe. Ihr Reihenhaus im Grünen, in dem sie mehr als vierzig Jahre lang gelebt hat, ist zu groß geworden. Darum hat sie sich entschieden, mit neun Gleichgesinnten eine Senioren-Gemeinschaftsetage namens *kolokation* in einem Mehrfamilienhaus zu gründen. Die Fünfzig-plus-Groß-WG plant 14 individuelle Wohnungen und eine gemeinsame Wohnküche im neuen Wiener Stadtteil Sonnwendviertel. Dafür muss Brandl ihr Reihenhaus verkaufen. »Es ist ein großer Schritt, der mit dem Abschied vom Familienhaus verbunden ist«, sagt Brandl etwas wehmütig. »Aber ich will in meinem letzten Lebensabschnitt nicht Tod und Krankheit vor mir sehen, sondern noch eine lustige Zeit verbringen. Wir werden Theater spielen und füreinander sorgen. Dadurch bleiben wir länger gesund und haben keine Depressionen.«

Die meisten Menschen fühlen sich erst ab 75 Jahren subjektiv alt. Die Frage nach der altersadäquaten Wohnform wird deswegen oft bis ins höhere Alter um die achtzig verschoben. Gemeinschaftliche Wohnprojekte und andere Formen des Zusammenlebens im Alter wie das »Mehrgenerationen-Wohnen« haben viele Vorteile gegenüber konventionellen Wohnformen: Kontakte zwischen Alt und Jung, praktische Hilfestellung im Alltag, Teilhabe am sozialen Leben. Trotzdem residiert weniger als ein Prozent aller Deutschen über 65 Jahre in einer alternativen Wohnform. Die Mehrheit der Älteren will so lange wie möglich in den eigenen vier Wänden bleiben. Das liegt unter anderem daran, dass viele keine attraktiven Alternativen zum Altenheim kennen – und dass es tatsächlich zu wenige Angebote gibt.

Einer, der dieses Informationsdefizit verringern will, ist Henning Scherf. Fast dreißig Jahre lang war er Senator und Bürgermeister in Bremen, und beinahe genauso lang lebt er mit seiner Ehefrau, einem befreundeten Paar und vier Singles in einem kleinen Wohnprojekt im Bremer Bahnhofsviertel. Jeden Samstag frühstücken sie gemeinsam – seit 1988. Oft sind Freunde, Kinder und Enkelkinder dabei. Der 78-Jährige hat mehrere Bücher zum Thema Älterwerden verfasst und sitzt in der Jury des Deutschen Alterspreises, der innovative Wohnformen für die letzten Lebensphasen auszeichnet. In Vorträgen und Magazinen macht Scherf seinen Altersgenossen Mut, sich neue Formen des Zusammenlebens im Alter zuzutrauen. Dem *Spiegel* sagte er 2015: »Unser Haus ist wie ein Netz, das es uns ermöglicht, den Alltag bis zuletzt gemeinsam und trotzdem selbstbestimmt zu leben. Wir werden sicher nicht interessenlos vereinsamen und auch unseren Kindern nicht zur Last fallen.«

* * *

Was dieses »Netz« einer Hausgemeinschaft leisten kann, haben auch bei uns im Wohnprojekt Wien schon mehrere Personen erfahren. Es ist zwar nicht so, dass automatisch Hilfe kommt, wenn sich jemand in einer misslichen Lage befindet: Wenn man selbst tief im Alltagstrott steckt, bemerkt man nämlich oft gar nicht, dass es dem Nachbarn schlecht geht, selbst wenn man Tür an Tür wohnt. Darum ist es oft nötig, dass diese Person einen »Hilferuf« absetzt – was gar nicht so einfach ist und Überwindung kostet. Doch es gibt auch Fälle, wo schnell klar ist, dass jemand Unterstützung nötig hat. So wie bei Erna, mit siebzig Jahren unsere älteste Bewohnerin: Es spricht sich wie ein Lauffeuer herum, als sie eines Tages im Aufzug kollabiert und kurz bewusstlos ist. Glücklicherweise ist Nadine in der Liftkabine anwesend, die ihr sofort hilft und sie gemeinsam mit einem Nachbarn in ihre Wohnung bringt. Es stellt sich heraus, dass Erna eine Grippe hat und deswegen umgekippt ist. Es folgen zwei Wochen Bettruhe. In den nächsten Tagen formiert sich ein spontanes »Unterstützungskomitee« aus Nachbarn, die sich um Erna kümmern: Sie bringen regelmäßig Essen und schauen auf einen Sprung vorbei, wie es der Kranken geht.

Als ich Erna mit Theo besuche und eine Suppe mitnehme, ist sie schon wieder guter Dinge. »Stell dir vor, insgesamt haben mir 14 Nachbarn geholfen!«, sagt sie stolz. »Wenn ich in meiner alten Wohnung Hilfe gebraucht habe, war ich ziemlich allein.« »Und für uns andere ist es kein großer Aufwand, für dich mitzukochen und vorbeizuschauen«, antworte ich. »Hier im Haus fühle ich mich als Teil eines Zukunftsprojektes, bei dem ich mitmachen kann, so lange es geht. Und das ist viel besser, als nur zu erleben, wie die Gleichaltrigen langsam weniger werden«, meint Erna nachdenklich.

Die drohende Einsamkeit ist für viele ältere Menschen eine große Herausforderung. Wenn aus gesundheitlichen Gründen der Bewegungsradius enger wird, ist es schwieriger, sich mit Bekannten und Freunden zu treffen. Je älter eine Person wird, desto mehr Zeit verbringt sie zu Hause. Vor allem wenn Menschen über achtzig Jahre alt sind, schrumpfen die sozialen Kontakte automatisch. Der Ehepartner, der in den meisten Paarbeziehungen die wichtigste Unterstützungsperson ist, stirbt möglicherweise, und der Freundeskreis dünnt aus. Dazu kommt, dass auch die eigenen Kinder, die nach den Ehepartnern die zweitwichtigsten Ansprechpersonen für ältere Menschen sind, immer weniger verfügbar sind: Laut dem »Siebten Altenbericht« (2016) der deutschen Bundesregierung ist zwischen 1996 und 2008 der Anteil der 40- bis 85-jährigen Eltern, deren Kinder in der Nachbarschaft oder am gleichen Ort wohnen, von 55 auf 45 Prozent gesunken. Parallel dazu werden immer weniger Pflegebedürftige durch Angehörige – allen voran durch die Töchter – versorgt: 1999 waren es noch 51 Prozent, 2009 nur mehr 45,6 Prozent. Dieser Trend dürfte sich weiter fortsetzen, weil die Mobilität der Bevölkerung und die Frauenerwerbsquote steigen.

Die Kommunen erkennen zunehmend, dass eine soziale Vernetzung im Stadtteil, im Dorf oder in der Nachbarschaft gerade älteren Menschen helfen kann, trotz gesundheitlicher Einschränkungen ihren Alltag zu meistern: Der soziale Nahraum wird als Ressource im Alter entdeckt. Und mittlerweile wächst auch die Zahl an Personen, die sich ein Älterwerden in einem gemeinschaftlichen Wohnprojekt vorstellen können: Es sind rund zwölf Prozent der 65- bis 85-Jährigen, so die »Generali Altersstudie« (2012). Das deutsche Familienministerium hat kürzlich das Modellprojekt *Gemeinschaftlich wohnen, selbst-*

bestimmt leben gestartet, um gemeinschaftliche Wohnformen vor den Vorhang zu holen und zu unterstützen.

Dahinter stecken freilich auch handfeste ökonomische Gründe: Ist die nachbarschaftliche Hilfe ausgeprägt, können ältere Menschen länger in ihrer Wohnung bleiben, und der externe Unterstützungsbedarf sinkt. Eine Studie des *Netzwerk: Soziales Neu Gestalten* aus 2009 hat in einem Vergleich zwischen konventionellen Wohnbauten und Modellen, in denen die nachbarschaftliche Hilfe eine wichtige Rolle spielt, herausgefunden, dass die Kostenunterschiede zwischen dreißig und fünfzig Prozent liegen. Wenn Hilfe – etwa im Haushalt, bei Behördengängen oder bei Handwerksleistungen – nötig wurde, konnte diese in den nachbarschaftlich orientierten Wohnformen durch die Bewohner geleistet werden.

Wie Generationenwohnen in der Praxis funktioniert, weiß Peter Weber. Ich bin mit ihm in der Geschäftsstelle der Mietergenossenschaft *SelbstBau* im Berliner Prenzlauer Berg verabredet. Peter Weber ist seit mehr als zwanzig Jahren Vorstand der Genossenschaft. Damals, Anfang der 1990er-Jahre, engagierte er sich in einer Gruppe junger Leute für den Aufbau einer »Kiezküche« – einer Art Sozialkantine – sowie einer Elterninitiativ-Kindertagesstätte in einem baufälligen Haus im Herzen von Prenzlauer Berg. Um die Idee zu realisieren, musste die Truppe das Gebäude von einem Immobilienmakler kaufen. Weber und seine Mitstreiter schlossen sich deshalb der Genossenschaft *SelbstBau* an, die erst zwei Jahre vorher von den Mieterinnen und Mietern eines ähnlich sanierungsbedürftigen Hauses gleich um die Ecke gegründet worden war. Ziel der Genossenschaft war es, Gebäude mittels »Selbsthilfe« der Bewohner zu sanieren und günstig an die Genossenschafter zu vermieten. Heute ist die *SelbstBau e.G.* Dachgenossenschaft für mehr als zwanzig Wohnprojekte in ganz Berlin mit rund vierhundert Wohnungen. Die Ansprüche von damals – selbstbestimmtes und kostengünstiges Wohnen – gelten auch heute noch. Doch ein Thema kam dazu: Wohnen im Alter.

Über ein Erbbaurecht der *Stiftung trias* kam die *SelbstBau* 2005 zu einer seit Jahren leer stehenden Gemeindeschule in Berlin-Karlshorst im Bezirk Lichtenberg. Der stattliche Rotklinkerbau wurde 1899 errichtet und diente zu DDR-Zeiten als Unterrichtsort für sowjetische Offizierskinder – unterm Dach fand sich sogar noch ein Schießstand.

Die Genossenschaft baute die *Alte Schule Karlshorst* für sechzig Erwachsene und zwanzig Kinder um: Etwa zwei Drittel der 28 Wohnungen sind alters- und rollstuhlgerecht, wobei zu Beginn nur ein Drittel von älteren, behinderten oder pflegebedürftigen Menschen bezogen wurde – mehrere Generationen wohnen hier Tür an Tür. Sollte ein Bewohner zum Pflegefall werden, so kann er in der Wohnung verbleiben. Dafür wurden die entsprechenden baulichen Vorkehrungen getroffen, damit notwendige Zusatzausstattungen ohne viel Kostenaufwand erfolgen können. In der ersten Etage betreibt ein Verein eine betreute Wohngruppe für zehn Kinder und Jugendliche, die aus verschiedenen Gründen zurzeit nicht in ihren Familien leben können. Und weil die alte Turnhalle immer mehr verfiel, wurde auch diese ein paar Jahre später zu sechs Wohnungen umgebaut. Ein altes Aborthaus dient als Gemeinschaftshaus. »Bislang gab es auch wenig Mieterwechsel. Das Zusammenleben ist sehr stabil. Die Bewohner haben untereinander die Übereinkunft, dass sich jeder nach seinen Möglichkeiten einbringt. Das klappt gut«, meint Peter Weber.

Die *Alte Schule* wurde seit dem Bezug 2008 zum Vorbild für Mehrgenerationen-Wohnen in ganz Deutschland, wenn nicht sogar in ganz Europa: Die deutsche Bundesregierung und der Rat für Nachhaltige Entwicklung etwa zeichneten das Haus als Leuchtturmprojekt aus. Und seit Jahren strömen Besucher zur *Alten Schule*, um zu sehen, wie Alt und Jung gut zusammenleben. Sogar britische Parlamentarier und die schwedische Sozialministerin waren schon hier. »Es scheint so, als hätten wir mit dem Mehrgenerationen Wohnen etwas Tolles erfunden. Dabei ist es in vielen Ländern normal, dass die Großeltern mit anderen Altersgruppen zusammenleben«, sagt Weber.

Das neueste Projekt namens *Sredzki 44* führt die *SelbstBau* zu ihren Wurzeln nach Prenzlauer Berg zurück. Vom morbiden Charme von damals ist hier wenig geblieben: Seit der Wende zogen achtzig Prozent der angestammten Bewohner weg. Heute reihen sich schicke Restaurants an skandinavische Einrichtungsläden und Designer-Concept-Stores. Vor zwei Jahren pachtete die Genossenschaft für 99 Jahre einen der letzten unsanierten Altbauten – mit Ofenheizungen und Außentoiletten auf halber Treppe. Zehn barrierefreie Wohnungen auf vier Etagen wurden gemeinsam mit einer Rollstuhlfahrerin geplant und ein Lift eingebaut. Mitte 2017 ziehen die ersten Bewohner

ein. Im Erdgeschoß entsteht in Zusammenarbeit mit dem deutschen Bundesfamilienministerium ein Informations- und Ausstellungszentrum, mit einer Musterwohnung für altengerechtes Wohnen in Bestandsobjekten. Dort sollen vor allem die technischen Möglichkeiten für ein altengerechtes Wohnen gezeigt werden: große Bäder mit rutschfesten Böden und verschiebbaren Toiletten, höhenverstellbare Kleiderschränke, spezielle Betten und automatische Melder, wenn eine Person am Boden liegt.
Die Bewohner solcher Wohnungen müssten theoretisch gar nicht mehr außer Haus gehen. »Hightech ist gut, aber die sozialen Kontakte sind noch wichtiger«, sagt Peter Weber. Der Mann weiß, wovon er spricht: In seinem eigenen Wohnhaus, einem Gebäude der Genossenschaft am Rande von Prenzlauer Berg, wurde eine Etage altengerecht umgebaut. Dort wohnen nun Webers Schwiegereltern – ganz ohne Hightech, dafür mit vielen Kindern.

Halt die Klappe

»Ach ja, das ist nichts Besonderes. Seien Sie nett zu Ihren Nachbarn, vermeiden Sie fettes Essen, lesen Sie ein paar gute Bücher, machen Sie Spaziergänge und versuchen Sie, in Frieden und Harmonie mit Menschen jeden Glaubens und jeder Nation zu leben.«
AUS DEM MONTY-PYTHON-FILM »DER SINN DES LEBENS« (1983)

Es liegt etwas in der Luft.
Zuerst ist da die Sache mit der Kreissäge in der Werkstatt: Sie ist kaputtgegangen. Und niemand will es gewesen sein. Heinz adressiert eine Nachricht an alle: »Ich kann es nicht fassen, dass es jemanden gibt, der die Standkreissäge meines Vaters derart demoliert. Das sieht schon fast nach absichtlichem Vandalismus aus. Und dann nicht einmal den Mut hat, sich zu melden. Für mich ist das ein Tiefpunkt in unserem ansonsten überwiegend fantastischen Wohnprojekt.«
Dann passiert der Vorfall in der Sauna: Ein paar Wochen nach der kaputten Säge entdeckt eine Nachbarin, als sie frühmorgens ins

Dachgeschoß kommt, eine »deftige Unordnung im Sauna-Bereich«, wie sie alle per E-Mail wissen lässt. »Ich hoffe, ich tue niemandem unrecht – aber es hat ziemlich verdächtig nach Kinder-Party ausgesehen«, schreibt sie.

Und schließlich kommt es zur »Orchideen-Affäre«: Eva und ihr kleiner Sohn hegen und pflegen auf dem Fensterbrett am Gang seit Wochen eine Orchidee. Als sie eines Nachmittags ihre Wohnungstür öffnen, finden sie ihre wunderschön blühende Orchidee zerstört vor. Eva formuliert daraufhin eine lange Nachricht an alle – im Kern lautet sie: »Vor ein paar Monaten wurde auf unsere Wohnungstüre eine Tomate geschmissen und zerdrückt. Immer wieder werden unsere Pflanzen zerstört und ausgerissen. Immer wieder finden sich Essensreste und Süßigkeiten-Verpackungen vor unserer Türe, werden Flüssigkeiten ausgeleert und nicht weggewischt. Ich bekomme leider nie persönlich die Momente mit, in denen es passiert, vieles lässt sich von der Geräuschkulisse her rekonstruieren. Meist im Zusammenhang mit Kindern, welche am Gang herumlaufen. Es ist jetzt AUS mit der Toleranz. Meine ganz persönliche Grenze ist überschritten – mir reicht es, ich bin wütend!«

Die Reaktion folgt prompt: Meine Studienfreundin Conni, die kurz vor dem Einzug mit ihrer Familie eine Wohnung im Haus bekam, antwortet ebenfalls sehr emotional. Zusammengefasst schreibt sie: »Die Beschwerde-Mails in Richtung Kinder und böse aufsichtspflichtverletzende Eltern häufen sich, ich fühle mich ja schon fast einem Shitstorm ausgesetzt. Bei mehr als einem Kind fällt mir die totale Überwachung leider etwas schwer. Selbstverständlich sind die genannten Vergehen nicht in Ordnung! Was für mich aber sicher nicht infrage kommt, ist die Beschneidung der Freiheit meiner Kinder im Tausch für die Freiheit, irgendein Ding in den Gang stellen zu können. Das ist das Wunderbare an diesem Haus: dass die Kids auch mal unbeobachtet mit ihren Freunden durchs Gebäude ziehen.«

Im Flurfunk der nächsten Tage ist die »Orchideen-Affäre« das Topthema. Die einen klopfen Eva dafür auf die Schulter, dass sie sich getraut hat, die heiße Kartoffel endlich anzufassen. Es stört sie, wie unachtsam manche Bewohner mit Dingen und Räumen umgehen, die allen gehören. Die anderen hingegen feiern Conni für die leidenschaftliche Verteidigung der kindlichen Freiheit. Manche

Eltern haben es nämlich satt, dass ihrem Nachwuchs dauernd die Schuld in die Schuhe geschoben wird, wenn Objekte zerstört oder beschädigt sind.

Eva und Conni haben mit ihren Mails offenbar einen Nerv getroffen. Mich jedenfalls stimmen die Nachrichten meiner beiden Wohnprojekt-Freundinnen nachdenklich: Ich wusste bis zu diesem Zeitpunkt gar nicht, dass diese Unstimmigkeiten so stark unter der Oberfläche brodeln. Ich verstehe beide Standpunkte – aber was hat sie bloß geritten, dass sie ihren Ärger per E-Mail über das ganze Haus verbreiten? Nun betrifft es nämlich auch mich: Ich denke stundenlang darüber nach, spreche mit Clemens darüber und diskutiere mit meinen Nachbarn. Eigentlich würde ich mich lieber anderen Gedanken hingeben und nichts mit der Sache zu tun haben.

Die »Orchideen-Affäre« ist nicht einmal ein besonders außergewöhnlicher Konflikt. Vielmehr könnte die Geschichte in jedem Lehrbuch über Wohnprojekte stehen. Wo Menschen eng zusammenleben, prallen auch unterschiedliche Auffassungen aufeinander. Das bedeutet, dass in gemeinschaftlichen Wohnprojekten das Konfliktpotenzial schon mal sehr hoch ist. Und meist sind es die immer gleichen Themen, die Nachbarn schnell aneinandergeraten lassen: die Beaufsichtigung von Kindern, der Umgang mit Gemeinschaftseigentum, Respekt vor Privatsphäre, unterschiedliche Auffassungen von Sauberkeit, verschiedene Sensibilitäten bezüglich Lärm und Territorialansprüche. »Bei der Sauberkeit zum Beispiel geht es um ganz klassische Fragen: Wer putzt wie oft? Und wie sauber muss es sein? Es ist genau so, wie wir es aus dem WG-Leben in der Studienzeit kennen«, sagt Micha Fedrowitz, Raumplaner, Mediator und Mitarbeiter bei der *WohnBund-Beratung NRW*. »Wenn es bei diesen Themen zu Konflikten kommt, hat dies aber meistens einen tieferen Hintergrund.«

Fedrowitz bezieht sich dabei auf das sogenannte »Eisbergmodell«, das auf den Psychoanalytiker Sigmund Freud zurückgeht und auch dem Ansatz der gewaltfreien Kommunikation nach Marshall B. Rosenberg zugrunde liegt: Die Kommunikation bei Konflikten gleicht einem Eisberg. Der kleine, sichtbare Teil über Wasser sind die Konflikte, die wir zeigen, wie Wutausbrüche wegen schmutziger Treppenhäuser. Unter der Oberfläche allerdings befindet sich ein unsichtbarer Koloss an Gefühlen, Wünschen, Erwartungen, Beziehungen, Interessen und Werten. Menschen in Konfliktsituationen werden meist von diesem unsichtbaren Teil geleitet.

Es wäre wohl naiv zu glauben, dass irgendwo auf der Welt ein Wohnprojekt existiert, in dem die Bewohner ohne Konflikte miteinander leben. Die Frage ist nur, wie sie jeweils damit umgehen und die Unstimmigkeiten bereinigen. Es gibt einen feinen Unterschied zwischen »Konflikt« und »Streit«: Nur der Streit ist von beiden Zuständen jener, der mit Emotionen, Schmerz und Kampf ausgetragen wird. Das heißt, es gibt einen Punkt, wo ein Konflikt zum Streit wird. Und dass diese heikle Grenze nicht überschritten wird, dafür können Wohnprojekte einiges tun. Hilfreich ist es, wenn Gruppen immer wieder ihre Ziele vor Augen sehen oder regelmäßig neue Ziele formulieren – auch für Arbeitsgruppen oder Projekte. Dann ist eine Marschrichtung vorgegeben, der sich alle anschließen können. Eine wichtige Voraussetzung ist außerdem eine gute Organisationsstruktur: Spielregeln für das Zusammenleben, transparente Entscheidungsprozesse und klare Kommunikationswege. »Wohnprojekte müssen ihre sozialen Prozesse so aufsetzen, dass Streit nicht so leicht entsteht. Jedes Thema braucht einen Platz in der Struktur«, meint die Soziokratie- und Gemeinschaftsexpertin Barbara Strauch. Für sie sind die meisten Streitigkeiten in Wohnprojekten deshalb »strukturelle Konflikte«, also Ergebnis von fehlender oder ungeeigneter Strukturierung der Projekte und ihrer Prozesse. Strauch: »Es ist wichtig, dass alle Mitglieder die soziale Architektur verstehen. Dafür braucht es einen Prozess in der Gruppe.«

Die Wohnprojekt-Pionierin Diane Leafe Christian, die sich ausgehend von Los Angeles seit den 1970er-Jahren mit kollektiven Wohnformen auseinandersetzt und in den vergangenen Jahrzehnten Ökodörfer auf der ganzen Welt erforscht hat, stellte fest, dass alle erfolgreichen Ökodörfer bestimmte Gemeinsamkeiten in ihrer Struktur vorweisen – egal, welche Organisationsform sie nun genau gewählt haben. Christian hat daraus eine chronologische Check-List für den Entstehungsprozess von Gemeinschaftsbauten entwickelt. Sie argumentiert, dass wenn einer der Punkte übersehen oder übersprungen wird, das Projekt entweder nicht zustande kommt oder er später in Form eines Konflikts zutage tritt. Hier ihre ersten acht Punkte, die für Wohnprojekte relevant sind:

1. Den allgemeinen Standort und eine grundlegende finanzielle Struktur wählen.
2. Sich auf den von der Gruppe geteilten Sinn und Zweck einigen und diesen aufschreiben.
3. Eine gerechte und auf Mitbestimmung beruhende Methode zur Entscheidungsfindung und Selbstorganisation wählen und benutzen.
4. Alle Protokolle von Treffen, Entscheidungen, Richtlinien und Vereinbarungen organisieren und für die Mitglieder bereitstellen.
5. Einen klaren, sorgfältigen Prozess der Mitgliedschaft entwerfen und umsetzen.
6. Andere für den Sinn und Zweck der Gruppe werben und mehr Leute animieren, mitzumachen.
7. Gute Kommunikationsfertigkeiten und Methoden zur Gemeinschaftsbildung sowie einen effektiven Konfliktlösungsprozess erlernen und benutzen.
8. Wege finden, um Mitgliedern zu helfen, der Gruppe gegenüber verantwortlich zu bleiben.

Unser Wohnprojekt ist anhand der Soziokratie strukturiert. Anfangs fand ich diese Organisationsform ein wenig bürokratisch: Alle Entscheidungen und Treffen werden protokolliert, es gibt definierte Entscheidungswege, und fast jedes Thema ist einer Arbeitsgruppe oder zumindest einer Ansprechperson zugeordnet. Außerdem hat sich eine gewisse Kommunikationskultur etabliert: das Zuhören und Ausreden-Lassen in Meinungsrunden etwa, oder ein sensibler Umgang mit E-Mails an alle Bewohner. Heute allerdings glaube ich, dass uns die klare Struktur vor vielen Streitigkeiten bewahrt hat.

Theoretisch hätten auch die Themen der »Orchideen-Affäre« eine Adresse, eine Arbeitsgruppe gehabt, wo sie unaufgeregt behandelt hätten werden können. Theoretisch. Praktisch sind wir alle Menschen, aus denen Gefühle manchmal unkontrolliert herausbrechen – trotz guter Struktur. Es gibt auch verschiedene Konflikttypen: streitlustige und konfliktscheue Menschen. Die Streitlustigen haben keine Scheu, heikle Themen anzusprechen. Konfliktscheue hingegen kehren Schwierigkeiten gerne unter den Teppich. »Der entscheidende Faktor bei Konflikten ist die Konfliktfähigkeit der handelnden Personen«, sagt

Friedrich Glasl, Konfliktforscher und Organisationsberater in Salzburg. Die Beziehungsebene ist dabei sogar noch wichtiger als die Struktur. Wer konfliktfähig ist, kann Auseinandersetzungen aufnehmen und konstruktiv bewältigen. Voraussetzung für die Konfliktfähigkeit ist eine gute Selbstwahrnehmung. Es geht darum, Spannungen, Ärger, Misstrauen und Antipathie an sich zu bemerken. Günstig ist es, in einem möglichst frühen Stadium die ersten Anzeichen seines aufziehenden Ärgers zu erkennen: wenn der Kopf rot wird oder der Puls steigt – jeder Mensch hat seine eigenen ersten Warnzeichen. Viele wollen sich erst mal gar nicht eingestehen, dass solche Gefühle auftreten. Vor allem in stark sinngeleiteten Organisationen sind das Emotionen, die eigentlich nicht erwünscht sind. Menschen, die wenig Selbstvertrauen haben und an sich zweifeln, gelingt die Selbstwahrnehmung tendenziell schlechter. Doch in einer frühen Phase des Ärgers ist es noch möglich, gegenzusteuern. Wachsen die negativen Gefühle, wird es schwer, sich ihnen zu entziehen. Der Konflikt nimmt den Menschen in seinen Bann. »Dann agiere ich drauflos, affektgesteuert, und merke gar nicht, was ich anderen damit antue und wie ich sie verletze«, beschreibt Konfliktforscher Glasl diesen Zustand. »Menschen können Konfliktfähigkeit aber lernen und trainieren.«

Wenn sich die Streithähne gut kennen, so wie in Wohnprojekten der Fall, macht es die Sache oft noch komplizierter. Dann kommen nämlich Zuschreibungen und Vorurteile ins Spiel. Nach dem Motto: »Der war ja schon immer so!« Laut Organisationsberater Friedrich Glasl ist es hilfreich, wenn es im Fall von gestörter Kommunikation Dritte gibt, die fähig sind, die Situation wieder ins Lot zu bringen. Und Mediator Micha Fedrowitz hat die Erfahrung gemacht, dass es in akuten Konfliktsituationen wichtig ist, dass die Beteiligten über ihre Gefühle, Erwartungen und Bedürfnisse ins Gespräch kommen. Sie müssen also vom sichtbaren Teil des Eisbergs, also dem aktuellen Konfliktthema, zum tiefer liegenden Teil vordringen. Auf dieser Ebene geht es leichter, sich wieder zu verständigen.

* * *

Und wie geht es nun in der »Orchideen-Affäre« weiter? Wir machen, was wir in solchen Fällen immer machen: Wir reden. Redekreise sind eine Methode, zu den tiefen Schichten des Eisbergs vorzustoßen. Unsere Arbeitsgruppe Soziales lädt ein paar Tage nach dem Mailverkehr abends in die Bibliothek ein. Es sind viele Bewohner aus dem Haus gekommen, auch Eva und Conni. Ein Redestab geht mehrmals im Kreis. Bevor er zu mir wandert, bemerke ich, dass ich schwitze und innerlich nervös bin. Mit anderen über seine eigenen Gefühle zu sprechen, vor allem wenn Ärger und Unverständnis dabei sind, ist eine Überwindung.

Ich bin zum Redekreis gekommen, weil mich die Art der Kommunikation von Eva und Conni geärgert hat. Dieser Punkt ist schnell erledigt, weil beide zugeben, es sei ein Fehler gewesen, ein so wütendes E-Mail an alle zu verfassen. Sehr lange sprechen wir über die Kinderbeaufsichtigung. Etwa, dass manche Eltern ihren kleinen Kindern erlauben, alleine mit dem Lift zu fahren, obwohl dieser schon zwei Mal für mehrere Stunden stecken geblieben ist. Oder dass Kinder stundenlang alleine im Haus unterwegs sind und dabei vor Hunger den Kühlschrank in der Gemeinschaftsküche plündern. Eigentlich könnte den Nachbarn ja egal sein, wie Eltern mit ihrem Nachwuchs umgehen. Aber es ist eben *nicht* egal, und in manchen Situationen hat es auch Auswirkungen auf uns alle. Am Ende des Abends sind wir zwar trotzdem nicht einer Meinung. Aber immerhin verstehen wir die Beweggründe der anderen etwas besser. Und wir beschließen, diesen Redekreis übers Eltern-Sein regelmäßig weiterzuführen, um miteinander im Gespräch zu bleiben. Sodass sich Ärger künftig nicht so lange aufstauen muss.

Wenn wir uns ehrlich sind, haben wir es bisher geschafft, alle Konflikte mehr oder weniger gut zu bewältigen. Es gibt Beispiele von Wohnprojekten, die beim Einzug schon so zerstritten sind, dass die Bewohner kein Wort mehr miteinander wechseln. Oder wo der Zwist so ausufert, dass sogar das Magazin *Der Spiegel* darüber eine Geschichte schreibt. So wie 2013 über das Wohnprojekt *Am Urban* in Berlin unter dem Titel »Halt die Klappe«. Im Text heißt es: »In Fachzeitschriften mit glanzvollen Fotos bejubelt, ist das Projekt insgeheim zu einer Arbeitsbeschaffungsmaßnahme für Anwälte geworden.« Und manche Streitigkeiten können Projekte so trüben, dass aus einem blühenden Landstrich ein Minenfeld wird.

So wäre es den Bewohnern im *Spreefeld* in Berlin beinahe ergangen. Spreefeld, wie der Name schon sagt, liegt direkt am Ufer der

Spree auf einem ehemaligen Industrieareal im Bezirk Mitte und ist eines der meistbeachteten Wohnprojekte der letzten Jahre. *FAZ, Süddeutsche*, n-tv und sogar die *New York Times* haben darüber berichtet. Seit 2014 leben hier rund hundert Menschen in drei Passivhäusern, die durch einen wilden Garten miteinander verbunden sind. Der alte Baumbestand, das Wasser und die schlichte Architektur verleihen dem Ort etwas Magisches. Es gibt in jedem Haus einen großen Gemeinschaftsraum, der »Optionsraum« genannt wird, viele Terrassen und Balkone, einen Kindergarten, einen Waschsalon, Büroflächen, ein Bootshaus für Partys – und natürlich einen gemeinsamen Spree-Strand. Die Bewohner setzten sich von Anfang an hohe Ziele: Sie wollten bezahlbares, soziales Wohnen ermöglichen, nachhaltig leben und auf ihrem Gelände Platz für Kulturveranstaltungen schaffen. Besonders wichtig war: Spreefeld ist ein offener, durchlässiger Ort. Nirgends gibt es einen Zaun – Besucher und Nachbarn sind willkommen.

Michael LaFond, ein Vordenker in Sachen nachhaltiges Wohnen und Gründer des Thinktanks *id22: Institut für kreative Nachhaltigkeit*, hat mich in die »Spree-WG« eingeladen. Hier wohnt Michael mit zwanzig anderen Personen auf achthundert Quadratmetern zusammen. Eine Bewohnerin hat für alle gekocht; wir sitzen an einem langen Holztisch mit Blick zum Wasser, essen Lachslasagne und trinken Rotwein. »Wie geht es euch im Spreefeld?«, frage ich, und noch bevor eine Antwort kommt, merke ich schon, dass etwas nicht stimmt. Schließlich antwortet Michael vorsichtig: »Die Stimmung ist getrübt, uns treibt die Frage nach der Eigentumsform an.« Seine Mitbewohnerin Angelika Drescher, eine der Projektinitiatorinnen und im Vorstand der Genossenschaft, wird noch deutlicher: »Diese Diskussion hielt uns so auf Trab, dass wir nach drei Jahren im Spreefeld noch gar nicht richtig angekommen sind. Es droht ein Kleinkrieg, der das zukünftige Zusammenwohnen zu einer Horrorvorstellung machen würde.« Ich bin baff. Wie kann es sein, dass in einem so tollen Projekt die Bewohner von Kleinkrieg und Horrorvorstellung sprechen?

Die Spree-WG-Bewohner überlegen, wie es überhaupt begonnen hat – schließlich liegen die Wurzeln des Konflikts schon länger zurück: Ursprünglich wollte die Gründergruppe das Grundstück 2009 mithilfe des Erbbaurechts erwerben. Da dies nicht gelang und das Projekt kurz vor dem Scheitern stand, streckten einzelne Privatpersonen große Summen vor, um das Grundstück doch noch kaufen zu können. Das Spreefeld wurde rechtlich als Genossenschaft, die *Spreefeld e.G.*, gegründet. Diese Rechtsform schien den perfekten Rahmen für all die Ideale der Bewohner zu bieten – die Genossenschaft als Ausdruck der Gemeinschaft mit solidarischem Charakter ermöglichte vieles: eine Verpflichtung zur Selbstnutzung der Wohnung, Einstieg mit relativ wenig Eigenkapital und die Verhinderung von Wohnraumspekulation. Allerdings sollten die hohen Risiken der privaten Darlehensgeber abgedeckt werden, indem eine Option auf Einzeleigentum für alle Bewohner in der Satzung der Genossenschaft verankert wurde. Dadurch legte sich die Gruppe nicht klar auf eine Eigentumsform fest – sie wollte »anschlussfähig in alle Richtungen sein«, wie Angelika es heute nennt.

Das fällt den Spreefeldern nun auf den Kopf: Als der Termin der Eigentumsoption näher rückte und klar wurde, dass rund die Hälfte der Bewohner tatsächlich kaufen will, versanken sie in einen emotionalen Streit, in dem kein normales Gespräch mehr möglich schien. Alle wollten zwar Solidarität leben und Spekulation verhindern – doch die einen mittels Privateigentum, die anderen mithilfe der Genossenschaft. Zuerst mit Argumenten, dann mit Strategien und Kalkül sollte die jeweilige Gegenseite zur Räson gebracht werden. Sogar ein moderierter Großgruppenworkshop konnte die Wogen nicht mehr glätten. Das Spreefeld drohte sich zu spalten. Nach einem Jahr zähen Ringens ist inzwischen allen klar geworden: Erzwungene Entscheidungen würden nur zu ewigen Rechtsstreits führen und Blockaden allen schaden. »Wir müssen eine Lösung finden, die alle mittragen«, sagt Angelika nun. Das Spreefeld arbeitet deswegen an einer Mischform zwischen Privat- und Gemeinschaftseigentum. Angelika: »Wenn wir einen einigermaßen guten Kompromiss hinbekommen, dann können wir endlich zur Ruhe kommen und haben vielleicht sogar Utopisches wahrgemacht.«

Während Angelika erzählt, fällt mir Diana Leafe Christians To-do-Liste ein. »Eine grundlegende finanzielle Struktur wählen«, heißt es dort unter Punkt eins. Diese Frage hatten die Spreefelder nicht eindeutig geklärt. Und Jahre später trat diese Unschärfe in Form eines Konflikts zutage. Leider ist das Wohnprojekt-Leben in der Realität eben etwas komplizierter als eine Acht-Punkte-Liste!

5. Nachhaltig wohnen

Teilen Sie auch Ihren Mann?

»Wenn du schnell gehen willst, geh allein.
Wenn du weit gehen willst, geh gemeinsam.«
SPRICHWORT DER ABORIGINES

»Hurra, ein Baby ist da!«, schreiben Clemens und ich auf die große Tafel in der Eingangshalle, um allen Bewohnern unseres Wohnprojekts voller Freude zu sagen, dass wir wieder Eltern geworden sind. Kurz vor Ostern ist unser zweiter Sohn geboren. Am Tag nach unserer Heimkehr vom Krankenhaus stehen Blumen und Kuchen vor unserer Wohnungstüre. Viele Bewohner schicken Gratulations-SMS und wollen wissen, ob sie für uns kochen oder einkaufen sollen. Vollpension Wohnprojekt!

Ebenso überwältigend wie die Hilfsbereitschaft meiner Nachbarn ist, welche Ausstrahlungskraft das Wohnprojekt Wien hat. Seit dem Einzug haben unzählige Fernsehteams und Zeitungsjournalisten über uns berichtet. Im Durchschnitt findet jede Woche eine Führung statt. Von überall kommen die Besucher: Neuseeländische Nachhaltigkeitsforscher, chinesische Studierende, eine finnische Parlamentsdelegation, Luxusimmobilienentwickler aus Hamburg und sogar Leute der Universität in Montevideo haben unser Haus besichtigt. Ich mag es, wenn die Schaulustigen mit gezückten Kameras anerkennend die Gemeinschaftsküche besichtigen und mir beim Kochen über die Schulter schauen. Nur in einem Fall war es mir bisher unangenehm – das ausgerechnet bei einer Gruppe von bodenständigen Unternehmern aus Tirol.

Als ich zum ersten Mal mit meinem jüngsten Sohn spazieren gehe und nichts ahnend den Kinderwagen mit dem schlafenden Baby durch die Eingangshalle schiebe, umzingeln mich vier oder fünf Alpenländler, von Beruf Bauträger. Während sie auf den Beginn der Führung warten, verwickeln sie mich in ein Gespräch. Was denn nun so ökologisch sei an unserem Haus, wollen sie wissen. Ich zähle ihnen alles auf, was mir dazu einfällt: »Die Nachbarn teilen und tauschen viele Dinge wie Kinderspielzeug, Küchengeräte und Sportsachen untereinander«, beginne ich. »In einer Wohnetage gibt es einen Stockwerks-Drucker, und demnächst schaffen wir uns gemeinsam ein Elektro-Lastenrad an.« Sie nicken und schauen sich dabei im Foyer um. Am Ende meiner Ausführungen deutet einer der Bauträger mit seiner Hand auf mein neugeborenes Kind. »Ist das auch ein Gemeinschaftsprodukt?«, fragt er und lacht. »Teilen Sie hier auch Ihren Mann?« Schenkelklopfen – auch die anderen Männer lachen. »Für Sie Tiroler ist ein Wohnprojekt schon exotisch, was?«, antworte ich streng und nehme den Ausgang.

Verstimmt durch diese Begegnung, schiebe ich den Kinderwagen zügig durch den Park und denke darüber nach, was ich gesagt habe. Es ist schon erstaunlich, wie sich unser Haus in den vergangenen zwei Jahren entwickelt hat. Ich frage mich: Woran liegt es eigentlich, dass wir so viel teilen und tauschen? Ist es unsere Vision und das selbst gesteckte Ziel, ein nachhaltiges Leben zu führen?

Das deutsche Umweltbundesamt widerlegt meine Vermutung in einer aktuellen Untersuchung (»Repräsentative Erhebung von Pro-Kopf-Verbräuchen natürlicher Ressourcen«, 2016): Soziale Milieus mit einem starken Umweltbewusstsein liegen bei den Ressourcenverbräuchen und Treibhausgasemissionen nicht unter, sondern sogar über den weniger umweltorientierten Milieus. Der Grund ist, dass sie ihre eigenen Verbräuche falsch einschätzen und der Auffassung sind, selbst sparsam mit Ressourcen umzugehen. Sie sind außerdem der Meinung, sich für die harte Arbeit die eine oder andere Belohnung verdient zu haben. Laut der Studie führen nicht eine positive Umwelteinstellung, sondern eher die richtigen Rahmenbedingungen und eine entsprechende Infrastruktur zu einer ökologischen Lebensweise.

Unser Haus schafft gute Voraussetzungen für eine nachhaltige Alltagsgestaltung. Zuallererst existiert eine entsprechende Infrastruktur. Hier drei Beispiele:

Nummer eins: der Fahrradabstellraum. Dieser hat hundert Stellplätze – jeder Bewohner hat also einen Platz für sein Rad. Der Raum liegt ebenerdig, mit direktem Ausgang zum Park und zur Straße. Außerdem gibt es einen kleinen Reparaturbereich mit allerlei Werkzeug und Luftpumpen sowie ein großes Lastenrad zur gemeinsamen Verwendung. Diese Fahrrad-Infrastruktur macht es unglaublich einfach, das Rad zu benutzen – das spüre ich am eigenen Leib: Durch eine neue, großräumige Baustelle im Nordbahnhofviertel – das Quartier wird in den nächsten zehn Jahren noch weitergebaut – wurde uns der eigentlich zehnminütige Fußweg zu Theos Kindergarten abgeschnitten. Die Alternativroute dauert zu Fuß mindestens dreißig Minuten, was für einen Vierjährigen nicht zu bewältigen ist. Und mit öffentlichen Verkehrsmitteln brauche ich bis zu 45 Minuten – für eine Strecke! Mit einem kleinen Baby zusätzlich im Schlepptau ist das ziemlich aufwendig. Gäbe es das Lastenrad nicht, würde ich jeden Tag zwei Mal mit unserem Auto fahren. So aber packe ich das Baby einfach mit einem Babysitz ins Lastenrad – und bin in zehn Minuten im Kindergarten.

Beispiel Nummer zwei: die Lebensmittelkooperative. Viele Bewohner nutzen die Kooperative, um Teile ihrer Essensversorgung zu organisieren. Wäre es nicht derart praktisch, würden wahrscheinlich deutlich weniger Bewohner direkt bei Bauern aus der Umgebung einkaufen können. Denn es macht einen Unterschied, welche Strecke für die Essensbeschaffung zurückzulegen ist: ob man nur mit dem Lift in den Keller fahren oder vielleicht einen längeren Weg zum Wochenmarkt auf sich nehmen muss.

Beispiel Nummer drei: das Leihsystem in der Werkstatt. Dort können Bewohner beispielsweise eine Bohrmaschine ausborgen. Laut *Süddeutscher Zeitung* befindet sich in rund siebzig Prozent der amerikanischen Haushalte eine Bohrmaschine. In europäischen Heimen ist die Verbreitung vermutlich nicht wesentlich niedriger. Ihre Nutzungsdauer beläuft sich auf durchschnittlich 13 Minuten. Insgesamt. Eine unvorstellbare Ressourcenverschwendung, die durch ein Leihsystem verbessert wird.

Neben dieser materiellen Infrastruktur gibt es in unserem Haus noch einen weiteren Nährboden für ein nachhaltiges Leben: die soziale Infrastruktur. Aus vielen Studien ist bekannt, dass es zwischen der Ökologie und dem Sozialen starke Zusammenhänge gibt. Für sich alleine ökologisch zu leben, ist nämlich ziemlich aufwendig – wenn nicht sogar unmöglich. Das deutsche *ISInova*-Institut und das Zentrum Technik und Gesellschaft der Technischen Universität Berlin haben acht Formen des nachhaltigen Konsums identifiziert. Diese lauten: Tauschen, Teilen, Do-It-Together, kollaborativer

Konsum, Mieten/Leihen, Do-It-Yourself, Prosuming (Verbraucher, die gleichzeitig Produzenten sind) und Inwertsetzen von Resten. Für all diese Praktiken brauchen wir andere. Und je besser sich Menschen kennen, desto leichter ist es, diese Konsumformen im Alltag zu integrieren.

Wieder ein Beispiel dazu aus unserem Haus. Kürzlich schrieb Michaela ein E-Mail an alle Bewohner: »Rindfleisch-Schmorgericht abzugeben! Mein gestriger Besuch hatte schwachen Appetit, darum habe ich zwei bis drei Portionen Eintopf aus herrlichem Mühlviertler Bio-Rind in gutem Rotwein, lange gekocht, sowie drei Pumpernickel-Paranuss-Knödel übrig. Wer hat Hunger?« Schenk's dem Nachbarn und nicht der Mülltonne, lautet das Motto!

Vor allem das gegenseitige Vertrauen spielt dabei eine große Rolle: Einer fremden Person würde man eher keinen selbst gekochten Rindfleischeintopf anbieten, auch nicht unbedingt das Auto oder das Kajak übers Wochenende borgen. Und auch die Mitglieder einer Lebensmittelkooperative, die etwa das Bezahlsystem selbst organisieren, müssen sich aufeinander verlassen können. Das heißt: Ohne gute nachbarschaftliche Kontakte gibt es keinen Austausch von Dingen und Wissen. In einer Studie des European Business Council for Sustainable Energy (»Ökologische Lebensstil-Avantgarden«, 2014) werden gemeinschaftliche Wohnformen deshalb treffend als »Verdichtungszentren von sozialen und technologischen Innovationen eines nachhaltigen Lebens« bezeichnet.

Viele Ökodörfer setzen auf Low-Tech-Innovationen: technologische Lösungen, die im Vergleich zu konventionellen Techniken nicht kostenintensiv sind, aber vielfältiges Wissen voraussetzen. Das Ökodorf ZEGG nahe Berlin etwa betreibt seit vielen Jahren eine ökologische Pflanzenkläranlage, die Abwässer ohne Chemikalien und mit sehr niedrigem Energieeinsatz reinigt. Mit den lokalen Stadtwerken gibt es nun eine Kooperation, in der die Möglichkeiten eines dezentralen Abwasserentsorgungskonzepts anhand der Pflanzenkläranlage für einige Stadtteile ermittelt werden sollen. Außerdem läuft ein Forschungsprojekt mit der Technischen Universität Hamburg-Harburg über die Gewinnung von Wertstoffen in der Abwasserbehandlung. Und ZEGG startete kürzlich auch ein

Modellprojekt für ein abwasserloses Dorf mit Trockentoiletten und einem Kompostierungs-System.

* * *

Doch wie nahe kommen wir im Wohnprojekt Wien einem ökologischen Leben nun tatsächlich? Haben sich all die Überlegungen der vergangenen Jahre und die Initiativen im Haus bezahlt gemacht? Auskunft darüber kann Michaela Leitner vom Österreichischen Institut für Nachhaltige Entwicklung geben. Sie und ihre Kolleginnen haben die Alltagspraktiken in und um unsere Wohnungen wie geplant ein Jahr nach unserem Einzug nochmals gemessen und nun ihre Studie mit dem Titel »Nachhaltiges Wohnen und Arbeiten in einem Wohnprojekt« (2015) fertiggestellt. Es ist sozusagen ein Vorher-Nachher-Vergleich und soll unter anderem zeigen, ob und wie sich der CO_2-Ausstoß jedes Einzelnen nach dem Einzug ins Wohnprojekt verändert hat.

Zunächst stellten die Forscher fest, dass die Wohnprojekt-Leute schon vor ihrem Einzug vergleichsweise nachhaltig lebten: Bei der Ernährung etwa verbrauchten wir die Hälfte der Treibhausgasemissionen eines Durchschnitts-Österreichers. Ein Grund dafür ist der niedrige Fleischkonsum, der in einer CO_2-Bilanz schwer wiegt. Und die CO_2-Ausstöße, die aufgrund von Autofahrten und Flugreisen anfallen, sind sogar um siebzig Prozent geringer als jene im Österreich-Schnitt. Die Wissenschaftler haben schließlich drei Bereiche gemessen: Wohnen, Mobilität und Ernährung. Bei den Ergebnissen des Vorher-Nachher-Vergleichs zeigt sich – wenig überraschend –, dass die deutlichste Einsparung beim Energiebedarf im Bereich Wohnen erzielt wurde: Durch die energieeffiziente Bauweise, den Umstieg auf Ökostrom und energiesparendere Haushaltsgeräte verringerten sich die CO_2-Ausstöße um 34,5 Prozent. »Die Bilanz für den Bereich Wohnen fällt gut aus«, meint Studienautorin Michaela Leitner.

Spannend wird es vor allem in den anderen zwei Bereichen Ernährung und Mobilität. Bei der Ernährung ergab die Untersuchung, dass der Anteil der Bewohner, die wöchentlich eine Biokiste mit frischem Gemüse beziehen, deutlich gestiegen ist.

Zusätzlich macht etwa die Hälfte der Wohnprojekt-Leute bei der Lebensmittelkooperative mit. Allerdings aßen die Bewohner im neuen Haus innerhalb der Befragungswoche deutlich mehr Fleisch als in der Vergleichswoche in der alten Wohnung (möglicherweise wegen des verlockenden Sortiments eines nahe gelegenen Bio-Metzgers) – was sich negativ in der Bilanz niederschlägt: Im Bereich Ernährung stieg demnach der CO_2-Ausstoß nach dem Einzug um mehr als zwanzig Prozent an.

Anders im Bereich Mobilität: Dort sanken die zurückgelegten Autokilometer gleich um vierzig Prozent. Ein Viertel der Bewohner leiht sich Autos aus dem Carsharing-Pool aus. Allerdings stieg die Anzahl der Kurzstreckenflüge an: Vor dem Einzug waren es 22 Flüge, nach dem Einzug 69 Flüge unter allen Bewohnern pro Jahr. Insgesamt wurden von den Bewohnern nach dem Einzug ins Wohnprojekt im Bereich Mobilität rund 17 Prozent weniger Treibhausgase verursacht. Wären wir weniger geflogen, würde die Bilanz deutlich besser aussehen. Interessant ist, dass in einer Untersuchung über das konsequent ausgerichtete Ökodorf *Findhorn* in Schottland ein ähnliches Ergebnis zustande kam: Die Bewohner schnitten in allen untersuchten Bereichen vorbildlich ab – nur die Flugkilometer waren extrem hoch. »Flugreisen werden nicht infrage gestellt, das scheint ein großes Tabu zu sein. Wenn man aber hart quantitativ die CO_2-Emissionen misst, fallen Flüge enorm ins Gewicht«, meint Michaela Leitner.

Über alle drei untersuchten CO_2-Teilbereiche Wohnen, Mobilität und Ernährung hinweg sanken die CO_2-Ausstöße der Bewohner im Wohnprojekt Wien um durchschnittlich 1,24 kg pro Person und Tag – das sind um genau 17,3 Prozent weniger als vor dem Einzug ins Haus. Für die Forscher ist dieses Ergebnis allerdings statistisch nicht signifikant – das heißt, dass die Reduktion theoretisch auch aufgrund anderer Faktoren hätte zustande kommen können als durch den Umzug ins neue Heim. Die Studie über unser Haus ist daher bis zu einem gewissen Grad entlarvend: Sie zeigt zwar, dass die Bewohner des Wohnprojekts Wien im Vergleich zum Österreich-Durchschnitt schon sehr nachhaltig leben und ihren Lebensstil durch den Einzug ins Gemeinschaftshaus noch ökologischer gestalten konnten.

Die Ergebnisse machen allerdings auch deutlich: Wenn wir es ernst meinen mit dem nachhaltigen Leben und weitere CO_2-Einsparungen erzielen wollen, müssten wir unseren Lebensstil in manchen Punkten radikal ändern – Stichworte: Fleisch und Flugreisen. Deshalb hat sich kürzlich eine Gruppe im Haus formiert, die sich mit ökologischer Lebensführung auseinandersetzt. Ideen dafür gibt es genug: Wir könnten gemeinsam ein Elektroauto anschaffen, unsere Food-Coop ausbauen oder den anfallenden Müll reduzieren. Christine war kürzlich beim Vortrag eines Experten, der das Konzept von »Zero Waste« vorgestellt hat, und hat uns davon vorgeschwärmt.

In der *Kalkbreite* in Zürich – jenem Wohnprojekt mit den vielen verschiedenen Wohnungstypen – denken die Bewohner schon länger über diese Fragen nach. Es gibt dort einen kleinen Arbeitszirkel namens »leicht leben«, der mit konkreten Maßnahmen auf den Lebensstil der Bewohner einwirken will. Derzeit werden 15 Wohnungen hinsichtlich ihrer Energieverbräuche bei Wasser, Heizung und Elektrizität gemessen. An den Duschen etwa ist ein kleines Messgerät befestigt, das genau anzeigt, wie viele Liter Wasser den Abfluss runterplätschern. »Meine Tochter hat sich zum Ziel gesetzt, mit elf Litern pro Duschgang auszukommen«, erzählt Pasquale Talerico, Mitglied der Gruppe »leicht leben«. Durchschnittlich verbrauchen Erwachsene in der Schweiz rund dreißig bis vierzig Liter. »Die Messungen haben etwas Spielerisches, und die Wohnungen schneiden tatsächlich etwas besser bei den Verbräuchen ab«, meint Talerico. Die Gruppe will ihren Mitbewohnern zeigen, dass Verzicht nicht negativ ist, sondern Spaß macht. Sie befestigte im Foyer eine »Prêt-à-prêter«-Wand, wie sie in der *Kalkbreite* sagen, eine Art Schwarzes Brett, das Nachbarn zum Tauschen von Dingen benutzen können. Und in einer anderen Aktion klebten sie zum Aufzug Post-its mit der Aufschrift: »Treppen laufen ist gesünder als Lift fahren.« Talerico: »Leider empfanden manche diese Aktion als erhobenen Zeigefinger.«

Wohnprojekte sind natürlich keine Öko-Diktatur. Jeder Bewohner kann frei entscheiden. Allerdings – und das sagen auch etliche Studien über Wohnprojekte – bestärkt die nachhaltige Ausrichtung eines Hausprojekts die Bestrebungen der Mitglieder, den Alltag ökologischer zu gestalten: Einerseits ist es einfacher, Wissen auszutauschen.

Andererseits herrscht bis zu einem gewissen Grad auch so etwas wie soziale Kontrolle. Ich persönlich finde das im Hinblick auf meine eigene ökologische Lebensführung sogar sehr hilfreich, weil Wissen und Handeln bekanntlich oft weit auseinanderliegen.

Unser kleiner Lebensmittelladen *Salon am Park* etwa nimmt normalerweise Pakete für die Bewohner entgegen, wenn der Postbote zu Hause niemanden antrifft. Seit der »Salon« sich weigert, die Sendungen des Online-Versandhändlers Amazon wegen der schlechten Arbeitsbedingungen für die dortigen Mitarbeiter zu übernehmen, ist Folgendes geschehen: Jedes Mal, wenn ich gedankenverloren im Internet nach einem Buch stöbere und kurz davor bin, das »Kaufen«-Zeichen bei Amazon anzuklicken, poppt das imaginäre Bild meiner Freundin Conni auf, die im »Salon« mitarbeitet. Im Geiste sehe ich, wie der Postbote ihr das an mich adressierte Paket übergeben will, sie es ablehnt und mit strengem Blick auf das Feld mit der Anschrift sagt: »Aha, die Barbara, schon wieder!« Es ist nicht so, dass ich mich für meine Einkäufe schämen würde. Eher ist es wie eine Erinnerungshilfe, dass man sich ja eigentlich ohnehin vorgenommen hat, lieber beim Buchhändler ums Eck zu kaufen. In der letzten Zeit hat das bei mir sogar ziemlich gut gewirkt.

Wie kuschelig darf es sein?

»Gerade die Anwesenheit anderer Menschen,
Aktivitäten, Veranstaltungen, die Inspiration und Anregung,
die von ihnen ausgehen, gehören zu den wichtigsten Qualitäten
des öffentlichen Raums insgesamt.«
Jan Gehl, »Leben zwischen Häusern« (2012)

Es ist Sommer. Sommer 2015. Und es ist kein gewöhnlicher Sommer – es sind Wochen unglaublicher Hitze. An den meisten Tagen zeigt das Thermometer weit über dreißig Grad an. Und das Leben im Wohnprojekt ist so, wie ich es mir immer vorgestellt habe: Es ist zum ersten Mal so richtig kuschelig und wohlig.

Weil es zu heiß und zu anstrengend ist, mit zwei Kleinkindern ein öffentliches Schwimmbad aufzusuchen, beschließe ich, während der großen Hitze einfach zu Hause zu bleiben. Ich bunkere mich mit meinen beiden Söhnen im Wohnprojekt ein, lasse tagsüber alle Jalousien herunter, sodass die Sonne unsere Wohnung nicht aufheizen kann. Auch einige meiner Nachbarinnen und Nachbarn haben denselben Entschluss gefasst wie ich. Nadine zum Beispiel. Vormittags gehen Nadine und ich oft gemeinsam in den »Salon« und trinken Kaffee, während unsere größeren Kinder im Hof Rad fahren oder schaukeln. Zum Mittagessen treffen wir uns in der Gemeinschaftsküche beim »Mittagstisch«. Und am späteren Nachmittag, nachdem wir mit dem Nachwuchs ein kleines Schläfchen gemacht haben, füllen wir auf der Dachterrasse mehrere kleine Plastikschwimmbecken mit Wasser. Wir Erwachsenen liegen gemütlich im Liegestuhl, während die Kinder laut quiekend von Becken zu Becken hüpfen und mit dem Wasser um sich spritzen. Später drehe ich mit den Kindern noch eine Runde im Garten, zum Blumengießen und zur Gemüseernte. Und abends heizt oft noch jemand den Griller an oder lädt zu einem »Open-Air-Film« auf der Dachterrasse. So geht das mehrere Wochen. Es ist wunderbar – so fühlt sich das gute Leben an!

Wohnprojekten wird manchmal vorgehalten, sie seien der »kuschelige Rückzugsort der Mittelschicht«. Gewiss, die Versuchung ist groß, sich ein Refugium in einer unsicher und immer bedrohlicher scheinenden Welt zu erschaffen. Tatsächlich rinnt viel Gehirnschmalz in die Planung der individuellen Wohnungswünsche, der Grundrisse, Fliesenfarben und Badarmaturen. Manche Gruppen verlieren sich in diesen Klein-Klein-Entscheidungen. Stattdessen könnten sie ihre vorhandene Energie viel grundsätzlicheren Überlegungen widmen. Zum Beispiel folgenden Fragen: Wie kann unser Projekt sozial nachhaltig sein? Wie kann verhindert werden, dass aus der möglichen Wertsteigerung individuell Kapital geschlagen wird? Welche Möglichkeiten gibt es, Haus und Baugrund dem Markt langfristig zu entziehen? Welche Rolle wollen wir in der Nachbarschaft spielen? Und, ganz allgemein gefragt: Welchen gesellschaftspolitischen Anspruch haben wir? »Die individuellen Wohnungswünsche verstellen oft den Blick dafür, dass eine Gruppe gesellschaftlich viel mehr erreichen könnte«, meint Christoph Laimer, Chefredakteur von *dérive – Zeitschrift für Stadtforschung* in Wien. Als Clemens und ich Anfang September vom Urlaub in Kroatien zurückkehren, ist bei uns im Haus alles anders: Wir sind von der Ferieninsel direkt in der »Flüchtlingskrise« gelandet. In der Eingangshalle unseres Wohnprojekts stapeln sich Berge an Gewand, Schuhen, Rucksäcken, Kosmetikartikeln und Decken. Meine Nachbarn wirken alle sehr aufgewühlt: Ein paar Bewohner sind in den vergangenen Nächten gemeinsam mit dem Auto losgefahren, um an einem Grenzübergang bei der Versorgung von Flüchtlingen auszuhelfen. In der Gemeinschaftsküche hat sich eine Runde zusammengefunden, die große Töpfe mit Linsensuppe kocht und abends zum Hauptbahnhof bringt. Und Michaela und Roberta koordinieren die Sachspenden, die Leute aus Nachbarhäusern in unser Foyer bringen – das Wohnprojekt ist so etwas wie eine Spenden-Anlaufstelle für das ganze Quartier geworden. Ein paar Wochen später nehmen wir nach einem einstimmigen Beschluss eine Familie aus Syrien im Haus auf: Ahmad und seine im siebten Monat schwangere Frau Alaa sowie ihr vierjähriger Sohn ziehen in eines der Gästeapartments am Dach ein.

Das Wohnprojekt Wien hat sich schon in seiner Gründungsphase dazu entschlossen, ein durchlässiger Ort zu sein, mehr als nur ein Gebäude zum Wohnen. Wir sind wie ein kleines Dorf, ja – aber wir sind ein offenes Dorf. Der kleine »Salon« ist zu einem Treffpunkt in der Nachbarschaft geworden; unsere Veranstaltungsräume stellen wir immer wieder verschiedenen Initiativen kostenlos zur Verfügung; wir organisieren Feste und Flohmärkte für das ganze Quartier; und es gibt Büro- und Praxisräume, die Menschen aus dem Viertel als ihren Arbeitsplatz nutzen. Auch viele andere Gemeinschaftshäuser nutzen ähnlich wie wir ihren starken inneren Zusammenhalt für gesellschaftliches Engagement. Die Gemeinschafts-Power kann viel bewegen. Gerade die sogenannte Flüchtlingskrise zeigt das: Die Betroffenheit unter den Menschen ist sehr groß – aber wer kann schon eine Familie bei sich zu Hause aufnehmen? Hundert Menschen gemeinsam schaffen das.

»Viele Wohnprojekte wirken mit ihren Gewerbe-, Kultur- und Gemeinschaftsflächen als Impuls für den Stadtteil und tragen zur Stabilisierung von Nachbarschaften im Quartier bei«, sagt Jörn Luft

von der *Montag Stiftung Urbane Räume* in Bonn. »Stabile Nachbarschaften können einen Beitrag leisten, Viertel vor dem Abkippen zu bewahren, weil die Verantwortung, die Identifikation und das Engagement der Menschen für ihren Stadtteil höher ist als anderenorts. Man kennt das aus den Dörfern von früher.«
Der Wert der Nachbarschaft wird seit Kurzem wieder hochgehalten. Der amerikanische Politikwissenschaftler Daniel P. Aldrich etwa hat Naturkatastrophen wie das Erdbeben im japanischen Kobe 1995, den Tsunami im Indischen Ozean 2004 und den Hurrikan Katrina im Großraum New Orleans 2008 untersucht und wollte herausfinden, was Menschen vor Katastrophen schützt. Sein Befund ist eindeutig: Es sind die Nachbarn. Sie sind die Ersten, die vor Ort sind und sich auskennen. Sie wissen, wo sie suchen müssen; manchmal kennen sie sogar den Platz, wo das Bett des Nachbarn steht. Einen interessanten Selbstversuch unternahm auch der Schriftsteller Peter Lovenheim aus Rochester im Bundesstaat New York: Nach einem Verbrechen in der Straße seines Wohnortes, einem Gebiet mit stattlichen Häusern und großen Grundstücken, fiel ihm auf, dass er gar nicht wisse, wer um ihn herum eigentlich wohnt. So läutete er bei den Anwohnern und fragte, ob er einen Tag und eine Nacht bei ihnen verbringen dürfe. Die Hälfte stimmte zu, und Lovenheim verarbeitete seine Erfahrungen in einem Buch (»In the Neighborhood: The Search for Community on an American Street, One Sleepover at a Time«). Seine These lautet, dass sich viele Menschen nach Nähe sehnen, aber oft nicht wissen, wie sie diese herstellen sollen.

Wie entsteht Nachbarschaft in einem Stadtviertel überhaupt? Früher, im 17. Jahrhundert zum Beispiel, war es eine organisierte Angelegenheit: Im Rheinland oder in Westfalen taten sich um die zwanzig Häuser zusammen, verlangten Mitgliedsbeitrag und wählten einen Vorsteher. Man half sich beim Hausbau, bei Geburten und Krankheiten. Heute allerdings existiert »die Nachbarschaft« so nicht mehr. Es gibt verschiedene Ausprägungen mit unterschiedlichen Intensitäten: Zunächst lose Nachbarschaftsbeziehungen unter Menschen, die sich vom gegenseitigen Beobachten oder vom Sehen kennen, hin und wieder grüßen. Es ist ein freundschaftlich-distanzierter Umgang miteinander. Interessanterweise sind oft diese kleinen, alltäglichen Gesten ausschlaggebend dafür, ob sich Menschen in ihrem Umfeld wohl- und sicherfühlen. Dann gibt es Nachbarschaftskontakte, die gelegentliche Unterstützungsleistungen umfassen. Bis hin zu intensiven Nachbarschaften, wie sie in Gemeinschaftshäusern gelebt werden. Die wichtigsten Zutaten für funktionierende Beziehungen im Quartier sind: Zeit und ein entspanntes Umfeld. »Im Allgemeinen ist es förderlich, wenn sich Nachbarn öfter sehen und es Orte für unverbindliche Treffen gibt«, sagt die Städteforscherin Ruth Roh-Zänker.

Wohnprojekte sind sehr oft diejenigen, die solche ungezwungenen Begegnungsräume und niederschwelligen Anknüpfungspunkte für das Quartier zur Verfügung stellen. Wenn die Bürger diese Orte selbst entwickelt haben, sind sie umso effektiver. Einige Kommunen erkennen die wichtige Funktion der Baugemeinschaften in der Stadtentwicklung und fördern sie deshalb ganz gezielt. Hamburg beispielsweise hat eine lange Baugruppen-Tradition und seit 2003 eine eigene Agentur für Baugemeinschaften, die als zentrale Anlaufstelle dient. Die Hansestadt hat sich zum Ziel gesetzt, zwanzig Prozent der für den Geschoßwohnungsbau zur Verfügung stehenden städtischen Grundstücke – auch in Neubaugebieten wie der HafenCity und in Altona – an Baugemeinschaften zu vergeben. In Neue Mitte Altona etwa, das derzeit in Bau ist und autoarm werden soll, errichten neun Baugruppen insgesamt rund 270 Wohnungen. Davon sind vier Eigentumsprojekte und fünf Genossenschafts-Häuser. Die Stadt vergibt Grundstücke für Baugemeinschaften zum vorher ermittelten Verkehrswert, verlangt dafür aber ein inhaltliches Konzept mit sozialen und ökologischen Aspekten.

»Baugruppen sind sehr innovationsfreudig. Das erste Passivhaus, das erste autofreie Projekt und der erste Holzbau für mehrgeschoßige Wohnhäuser wurden jeweils von einer Baugemeinschaft gewagt«, sagt Bendix Bürgener von der Agentur für Baugemeinschaften in Hamburg. »Außerdem können sie in einem Quartier viel bewegen. Sie wirken meist sozial und integrativ. Darum ist die Stadt bereit, ihnen Grundstücke exklusiv zur Verfügung zu stellen.«

Auch in der Seestadt Aspern in Wien fielen die Experimente mit Wohnprojekten in der jüngeren Vergangenheit positiv aus. Das Gebiet in Wien-Donaustadt ist eines der größten Stadtentwicklungsgebiete Europas; bis 2028 sollen dort 20000 Menschen wohnen. In der Seestadt wurde ein großes Baufeld an fünf verschiedene Baugruppen vergeben. Dadurch entstanden 170 Wohnungen, die 2015 bezogen wurden. Weil sich die Baugruppen schon früh zusammengefunden hatten, waren sie für das Stadtteilmanagement einer der wenigen Ansprechpartner unter den künftigen Bewohnern. »Die Gruppen hatten die Bereitschaft, sich an der Stadtentwicklung zu beteiligen. Sie engagierten sich bei Diskussionen, etwa in Bezug auf das öffentliche Verkehrskonzept, und überlegten sich eine für das Viertel attraktive Erdgeschoßnutzung«, weiß Robert Temel von der Initiative für Gemeinschaftliches Bauen und Wohnen in Wien. Derzeit läuft in der Seestadt Aspern ein zweites Baugruppenverfahren für weitere zwei bis drei Projekte.

München setzt in der Stadtentwicklung ebenfalls auf Wohnprojekte. Aber aus einem anderen Grund: wegen der hohen Immobilienpreise. »Da Wohnprojekte kein Interesse an Spekulation haben, tragen sie zur Stabilisierung der Mieten und Eigentumspreise bei«, sagt Natalie Schaller von der *mitbauzentrale münchen*. Weil die bayrische Landeshauptstadt vor zehn Jahren am Ackermannbogen gute Erfahrungen mit gemeinschaftlichen Wohnformen gemacht hat, werden derzeit sogar bis zu vierzig Prozent der städtischen Flächen für den Wohnungsneubau für Wohnprojekte reserviert – wie etwa am Areal der ehemaligen Prinz-Eugen-Kaserne im Stadtbezirk Bogenhausen.

Allerdings sind die Hürden für Wohnprojekte vielerorts noch hoch: Es fehlt häufig an günstigen Grundstücken, geeigneten Förderstrukturen, besseren Finanzierungsmodellen und einer adäquaten Koppelung an Wohnbeihilfen und Mietzuschüssen. Außerdem gibt es keine ideale Rechtsform für kleinere kollektive Organisationen. Die *Montag Stiftung Urbane Räume* aus Bonn beispielsweise will mit ihrer Arbeit für »Immovielien«-Projekte (»Immobilien von vielen für viele«) versuchen, zahlreiche Hürden für gemeinwohlorientierte Wohnprojekte abzubauen: mit kostenlosen Beratungen und Lobbying-Arbeit. Ideen, wie die Rahmenbedingungen für die Realisierung von Wohnprojekten verbessert werden, gibt es genügend: Grundstücke sollten nicht an den Höchstbieter, sondern im Rahmen eines Konzeptverfahrens vergeben werden. Außerdem könnten Länder mit ihren Landesförderbanken Bürgschaftsschirme für gemeinwohlorientierte Vorhaben einrichten und eine Risikoabsicherung ermöglichen.« Manche dieser Ideen werden in einigen deutschen Bundesländern und Kommunen bereits umgesetzt, doch es bräuchte ein noch breiteres Bekenntnis dazu«, sagt Stiftungsmitarbeiter Jörn Luft.

Kollektivhaus für alle

»Das Recht auf Stadt in dem Sinne zu beanspruchen, der mir hier vorschwebt, bedeutet, grundsätzlich und radikal die Macht einzufordern, Urbanisierungsprozesse zu gestalten und mitzuentscheiden, wenn es darum geht, auf welche Art und Weise unsere Städte erschaffen und erneuert werden sollen.«
David Harvey, »Rebellische Städte« (2013)

Unser jüngster Sohn kann seit Kurzem laufen. Es ist eine Freude, ihm dabei zuzusehen, wie er durch die Wohnung wackelt und dabei laut juchzt. Doch als er plötzlich stolpert und mit der Unterlippe auf die Kante des Sofatischs prallt, ist es mit der Heiterkeit vorbei – Blut strömt über die Unterlippe, und er schreit wie am Spieß. Schnell nehme ich ein feuchtes Tuch und versuche, die Blutung damit zu stoppen. Als ich sehe, dass die Wunde tief klafft, weiß ich, dass ich mit ihm ins Krankenhaus fahren muss. Möglicherweise muss die Verletzung genäht werden. Clemens hat einen Abendtermin und ist noch nicht zu Hause. Schnell laufe ich mit dem plärrenden Kind im Arm und Theo im Schlepptau rüber zu Nadine und Jan und bitte sie, während meiner Fahrt ins Spital auf Theo aufzupassen. »Kein Problem«, sagen sie und helfen mir, meine Sachen zu packen und mich anzuziehen.

Im Auto hat sich der Kleine beruhigt, und auch ich atme durch. Puh, was hätte ich jetzt bloß ohne Nadine und Jan gemacht? Wie hätte das eine andere Mutter geschafft, die keine so wunderbaren Nachbarn hat? Irgendwie wäre es wahrscheinlich schon gegangen: Ich hätte Theo ins Krankenhaus mitnehmen müssen. Doch die Vorstellung, mit zwei Kleinkindern den frühen Abend in der Ambulanz zu verbringen, ist nicht besonders toll. So ist es wesentlich einfacher. Während wir auf den Arzt warten, komme ich ins Grübeln: Das

Wohnprojekt erleichtert mein Leben ungemein. Es sind diese vielen kleinen Hilfen im Alltag. Klar, manche der zahlreichen Mails meiner Nachbarn können ganz schön nerven. Und einen sonnigen Sonntag würde ich oft viel lieber mit meinen Freundinnen im Park verbringen, als bei einem Großgruppentreffen in unserem Veranstaltungsraum im Keller zu hocken, wo wir die Wohnprojekt-Stundenregelung oder die Wasserabrechnung diskutieren. Doch der Aufwand und die Anstrengung, die es manchmal kostet, werden locker durch die Lebensqualität im Haus wettgemacht. Ich finde, jeder Mensch sollte in einem Wohnprojekt leben können!

Es kann kein Zufall sein, dass ausgerechnet in den vergangenen zehn Jahren ein »Urbanismus von unten« eingesetzt hat. Die Wohnungsfrage, die über weite Strecken die gesellschaftspolitischen Auseinandersetzungen des 19. und 20. Jahrhunderts begleitet hat, verschwand in den vergangenen Jahrzehnten vorübergehend von der Agenda. Heute ist sie zurück in den europäischen Metropolen. Sogar in Wien – einer Stadt, die wie kaum eine andere in Europa gesegnet ist mit einer langen Tradition sozialer Wohnbaupolitik. Angesichts der Wohnungsknappheit, der rasant steigenden Mieten und der Prozesse der Gentrifizierung werden die Fragen nach bezahlbaren Unterkünften, Teilhabe, Solidarität, Ressourcenverbrauch und Zusammenleben wieder neu gestellt. Der Boom an gemeinschaftlichen Wohnprojekten und einer neuen Genossenschaftsbewegung kann als Ausdruck davon gelesen werden, dass viele Bürger den Eindruck gewonnen haben, dass die Mehrheit der Akteure am Wohnungsmarkt diese Fragen nicht zufriedenstellend lösen kann. Und so nehmen die Menschen die Gestaltung ihrer Wohn- und Lebenswelt selbst in die Hand. Doch nicht so wie früher als Hausbesetzer, sondern als Hausbesitzer.

Es ist erstaunlich, wie breit diese Bewegung geworden ist: Bei der Immobilienmesse *Expo Real* in München, wo ich noch vor fünf Jahren verzweifelt eine Wohnung gesucht habe, wurde 2016 sogar das Wohnprojekt Wien vorgestellt. Und als ich einer meiner drei besten Freundinnen von Nadines und Jans Hilfe beim Krankenhausaufenthalt mit dem Kleinen erzähle – Gott sei Dank musste er nicht genäht werden! –, meint sie nur, sie werde sich jetzt auch demnächst um ein Wohnprojekt umsehen. »Was?«, rufe ich aus. »Du? Du warst doch immer am skeptischsten von allen!« So ein Wohnprojekt sei halt schon sehr praktisch, meint sie knapp.

* * *

Wohnprojekte sind wie Experimentierstuben. Sie zeigen vor, was alles möglich ist im Wohnbau, wenn die Bedürfnisse der Menschen konsequent in den Blick gerückt werden – räumlich, sozial und ökologisch: Erdgeschoßzonen, die belebt sind. Gemeinschaftsräume, die tatsächlich genutzt werden. Verschiedene Altersgruppen, die freundschaftlich miteinander leben. Flexible Grundrisse, die sich den Bedürfnissen einer mobilen Generation anpassen. Ökologische Häuser, die bezahlbar sind. Treppenhäuser, in denen Nachbarn kommunizieren können. Mobilitäts- und Lebensmittelangebote für die Bewohner.

Vor allem die sozialen Erfahrungen in solchen Bauten sind unglaublich wertvoll. Die Bewohner gewinnen neue Kompetenzen im Umgang miteinander. Man lernt seine Standpunkte zu artikulieren, unterschiedliche Sichtweisen zu akzeptieren und verschiedene Interessen zu verhandeln. In Zeiten von hochgezogenen Grenzen, erhöhtem Sicherheitsbedürfnis und größer werdenden gesellschaftlichen Gräben ist dieses Mehr an Miteinander dringend notwendig. »In selbst organisierten Wohnprojekten schlummert großes Potenzial für echte Re-Demokratisierungsprozesse, wenn eine Öffnung hin zu breiteren Bevölkerungsschichten gelingt. Selbstorganisation schafft resiliente, also widerstandsfähige Nachbarschaften, und das ist ein großer Wert für die Stadt«, meint Elke Rauth, Obfrau von *dérive – Zeitschrift für Stadtforschung*.

Es ist immer die Frage, was eine Stadt gerne möchte. In Zeiten großer Wohnungsknappheit und wachsender Bevölkerungen ist der Druck natürlich groß, möglichst viele Wohnungen zu errichten. Soziale und qualitative Aspekte dürfen trotzdem nicht einfach weggewischt werden. Kommunen müssen gerade jetzt den Mut haben, neue Wege einzuschlagen und neue Inhalte auszuprobieren. »Wollen wir wirklich die Wohnghettos von morgen oder lieber eine sozialere Stadt?«, fragte auch die *Süddeutsche Zeitung* 2015 in einem Artikel über Wohnprojekte mit dem Titel »Gemeinschaft oder Ghetto«. Doch immer wieder werden Baugemeinschaften dafür kritisiert, dass sie keine Mengeneffekte hätten. »Was dabei oft übersehen wird, ist, dass es große Qualitäts-Effekte gibt, die auch auf den konventionellen Wohnungsmarkt zurückwirken«, sagt Rolf Novy-Huy von der *Stiftung trias*. Das Wohnprojekt Wien wurde in den vergangenen Jahren mit Auszeichnungen und Preisen überhäuft. Es zeigt, wie sehr Projekte wie unser Haus Inspiration für Architekten, Stadtplaner, Immobilienentwickler und Bauträger sind. Die Frage bleibt, wie man die Erfahrungen und das Wissen der Wohnprojekte künftig für breitere Bevölkerungsschichten nutzen kann. Die Überschriften einfach zu kopieren – das kann nicht funktionieren. Zu oft zeigte sich schon, was daraus wird: leer stehende Gemeinschaftsräume, unvermietbare Clusterwohnungen und Partizipationsprozesse, die nur als Feigenblatt dienen. Hinter den Ideen und Konzepten der innovativen Baugemeinschaften steckt eine Philosophie, eine Haltung, die es mitzudenken gilt. Gemeinschaftliche Wohnprojekte verlangen den einzelnen Bewohnern viel persönliches Engagement und zuweilen auch hohe Risikobereitschaft ab. Außerdem sind die Eigenmittelanforderungen oft sehr hoch, was manche Menschen sich schlicht nicht leisten können. Es gilt daher Wege zu finden, um Einstiegskosten, persönliches Engagement und Risiko zu reduzieren und dennoch größtmögliche Selbstbestimmung der künftigen Nutzer zu erlauben.

Ein Weg sind Dachgenossenschaften, die fachliches Wissen in den Trägergesellschaften bündeln und den einzelnen Hausprojekten große Autonomie zugestehen. Der Gründer unseres Wohnprojekts Wien, Heinz Feldmann, hat kürzlich solch eine Genossenschaft namens *Die WoGen* gegründet – mit dem Ziel, Wohnprojekt-Gründungen einfacher zu machen. Einen anderen Weg zeigt das Projekt *mehr als wohnen* in Zürich: Dort wird versucht, das Wissen aus hundert Jahren Genossenschaftsbewegung in einem einzigartigen, zukunftsweisenden Projekt zu verschmelzen und den Geist der Gemeinschaftshäuser in einen größeren Rahmen, nämlich auf Quartiersebene, zu übertragen.

Auf einer vier Hektar großen Industriebrache, dem Hunziker-Areal in Zürich-Oerlikon, errichtete die Genossenschaft *mehr als wohnen* mit Beteiligung der künftigen Nutzer 13 ganz unterschiedliche

Öko-Häuser – von der Betonburg bis zur Alphütte aus Massivholz. Die junge Genossenschaft versteht sich als Lern- und Innovationsplattform und wurde 2007 von 35 bestehenden Genossenschaften gegründet – zwanzig weitere kamen später noch dazu. Die Lernfelder heißen Partizipation, neue Wohnformen, Generationenwohnen, günstiger Wohnraum und ökologisches Bauen gemäß den energiepolitischen Zielen der sogenannten 2000-Watt-Gesellschaft, welche die Schweiz bis zum Jahr 2100 erreichen will. 1200 Bewohner leben seit 2014 auf dem Areal. Nur ein kleiner Teil sind die typischen engagierten Wohnprojekt-Typen – die Mehrheit sind Menschen, die wegen der niedrigen Miete hierhergezogen sind.

Da die Genossenschaft so vielen Bevölkerungsgruppen wie möglich offenstehen wollte, ist Engagement keine Verpflichtung, sondern geschieht freiwillig. Außerdem wurden Wohnungskontingente in Zusammenarbeit mit Stiftungen wie *Züriwerk* und *Domicil* vergeben, sodass Menschen mit Beeinträchtigung und Personen, die geringe Chancen haben, am freien Markt eine bezahlbare Wohnung zu finden, zum Zug kamen. Eine Baugruppe im klassischen Sinn, wo die künftigen Nutzer alles selbst erledigen müssen, ist *mehr als wohnen* ohnehin nicht: Die Bewohner sind zwar Mitglieder der Genossenschaft und können über die Generalversammlung einen Vorstand wählen. Die Verwaltung und Vermietung der Wohnungen verantwortet aber die Geschäftsstelle.

»Was mich besonders interessiert, ist das Verhalten jener, die nur eine günstige Wohnung wollten«, sagt Andreas Hofer, Geschäftsleiter der Genossenschaft und dort zuständig für die Bereiche Forschung und Innovation. Er ist einer der Visionäre und Vordenker des gemeinschaftlichen Wohnens in der Schweiz; in den Neunzigerjahren gründete er mit seinen Kompagnons *Kraftwerk1*. Als ich Andreas am Hunziker-Areal treffe, sitzt er gemütlich auf einer Bank am großen Platz zwischen mehreren Häusern. Alles wirkt noch sehr neu, die Bäume sind noch nicht hoch gewachsen. Überall wehen Girlanden mit bunten Fähnchen, die irgendwann von einem Fest übrig geblieben sind. Andreas führt mich durch die Siedlung. Von Architekten werden die Häuser »dicke Typen« genannt, weil sie so massig erscheinen. Manche sind über dreißig Meter breit und 22 Meter hoch, und sie stehen dicht aneinander. An einigen Stellen sind die Gassen nur neun Meter breit. Wir betreten eines der Gebäude – jenes von Duplex Architekten mit dem Namen »Der Piranesi«. Es offenbart sich ein luftiges und kommunikatives Innenleben. Die Treppen schlingen sich kreuz und quer in die Höhe, und die Wohnungen haben Fenster zu den Gängen. »Die Größe des Gesamtprojekts macht es einfach, zu experimentieren«, meint Andreas.

Übers Areal verstreut hat sich eine ganze Reihe an Gewerbebetrieben angesiedelt – mehrere Lokale, ein Nahversorger, ein Tonstudio, ein kleiner Verlag, ein Yoga-Zentrum und viele weitere. Die Genossenschaft baute außerdem verschiedene Gemeinschaftsräume, die unterschiedlich bespielt werden können. Hier heißen diese Flächen im Übrigen nicht »Gemeinschaftsräume«, sondern »Allmenden«. In der Planung des Quartiers hat die Genossenschaft nicht genau definiert, wie Gemeinschaft stattfinden soll – das dürfen die Bewohner selbst entwickeln. Die einzige Vorschrift, die es gibt, ist, dass es pro Haus einmal im Jahr eine Versammlung geben muss. Einige Bewohner waren von Beginn an engagiert und brachten sich in der Konzeption von *mehr als wohnen* ein.

Die Genossenschaft hat für Initiativen auf dem Areal ein Budget vorgesehen, das von der Allmende-Kommission verwaltet wird, einem Gremium aus Bewohnern des Hunziker-Areals. Bewohnergruppen können bei der Kommission die Nutzung der Allmenden und die Finanzierung von Veranstaltungen oder Initiativen beantragen. Seit dem Einzug haben sich an die dreißig Quartiersgruppen gegründet – von der Werkstatt-Gruppe über Kleinkindtreffs bis hin zu Deutschkursen. Eine Initiative hat sogar in der Nähe eine Gemüsegärtnerei gepachtet und einen Gärtner eingestellt; sie verteilt in einem Lagerraum der Genossenschaft ihre Produkte im Rahmen einer Kooperative namens *mehr als gemüse*. »Die finanziellen und räumlichen Ressourcen sind der Nährboden für soziales Engagement«, sagt Andreas Hofer. »Bei den sogenannten Randgruppen ist es das erste Mal, dass sie eingeladen sind, etwas zu machen. Fast jedes Wochenende finden in den Gemeinschaftsräumen Feste mit großen Essen statt.«

Werner Brühwiler ist einer jener Bewohner, die nicht wegen der günstigen Miete in *mehr als wohnen* leben, sondern weil er wissen wollte, ob die Theorie in der Praxis funktioniert – ob ein Gemeinschaftsgefühl in so großem Rahmen überhaupt aufkommen kann. Er war früher Präsident und Geschäftsführer zweier alteingesessener Genossenschaften und ist nun Berater. Wir sind verabredet in *Hombis Salon*, den mir Werner unbedingt zeigen wollte. Hombi ist schon längst eine Institution im neuen Stadtquartier. Er ist eigentlich Opernsänger, Schauspieler und Theatermacher und hat sich nach vielen Jahren als Weltenbummler seinen großen Traum erfüllt: An Wochenenden kocht Hombi für seine Gäste, und anschließend gibt es ein Konzert mit befreundeten Musikern. Werner hat nicht viel Zeit für mich: In seinem Wohngebäude findet später ein Hauskonzert statt, zu dem seine Nachbarn ihn eingeladen haben. Und außerdem muss er noch zu einem Essen mit Flüchtlingen in einem der Gemeinschaftsräume.

»Es findet ein Know-how-Transfer zwischen den Genossenschaften statt: Die Alteingesessenen lernen von den Innovationen der jungen Genossenschaften«, sagt Werner, der auch im Vorstand von *mehr als wohnen* sitzt. »Unser Ziel war es, guten und bezahlbaren Wohnraum mit lebendiger Nachbarschaft zu schaffen.« Und wie lautet sein persönliches Fazit? Wie funktioniert die Theorie in der Praxis? »Im Großen und Ganzen einfach toll!«

* * *

Manchmal frage ich mich, wie es wohl mit uns im Wohnprojekt Wien weitergehen wird. Wie werden sich unser Haus und unsere Gemeinschaft in ein paar Jahren, in einem Jahrzehnt anfühlen? Werden wir uns noch aneinander erfreuen können oder mit den Jahren das Interesse an den anderen verlieren? Oder möglicherweise so viel gestritten haben, dass wir nicht mehr miteinander, sondern nur noch nebeneinander wohnen?

Da kommt mir eine Einladung der *Sargfabrik* im Herbst 2016 gelegen: Das Haus in Wien-Penzing feiert sein zwanzigjähriges Bestehen. Die Bewohner haben einen regelrechten Festreigen mit verschiedenen Kamingesprächen, Konzerten und einer großen Party organisiert. Bei einem dieser Kamingespräche diskutieren meine Nachbarin Stefanie und ich mit Bewohnern aus anderen Wohnprojekten und der *Sargfabrik* über das Thema »Wohnen im Alter«. Nach der Veranstaltung wechseln wir in das *Sargfabrik-Beisl*, eine kleine Gaststätte mit einer netten Bar. Das »Beisl« wurde eine Zeit lang von den Bewohnern selbst betrieben, seit Kurzem ist es vermietet. Die *Sargfabrik* hat auch noch andere Unternehmen, die sie selbst führt: einen Veranstaltungsbetrieb und ein Badehaus. Wir stehen rund um die Theke und trinken Bier. Ich lerne Christl und Beatrix kennen. Christl kam als 25-Jährige kurz nach der Gründung zum Projekt, Beatrix ein paar Jahre später.

»Wie ist es nach zwanzig Jahren in der *Sargfabrik*?«, frage ich. »Habt ihr voneinander nicht schon die Nase voll?« Sie schütteln den Kopf und lachen. »Sicher gehen mir manche Leute bisweilen auf die Nerven. Aber die meisten Beziehungen sind über die Jahre nur besser geworden«, sagt Christl. Beatrix nickt zustimmend: »Es ist super, dass wir uns so gut kennen, dadurch können wir über die Macken der anderen hinwegsehen.« Bei meinem Besuch habe ich den Eindruck, dass das Gemeinschaftsleben rege ist. Viele Nachbarn sind zum Kamingespräch gekommen – auch Ute, die ich bei unserem Dankes-Dinner kennengelernt habe. Einige sind noch mit auf ein Bier gekommen. »Und was ist es, das euch nach so vielen Jahren noch zusammenhält?«, frage ich weiter. »Es ist die gemeinsame Verantwortung für unsere Unternehmen. Wir beschäftigen zwanzig Personen«, meint Beatrix. Und Christl findet: »Wir suchen uns immer wieder neue Themen. Derzeit überlegen wir uns gemeinsam, wie wir alt werden wollen.«

Die *Sargfabrik*-Leute, so erfahre ich, wollen sich auch räumlich erweitern und halten Ausschau nach einer geeigneten Immobilie in der Nähe. Dort sollen vor allem kleine Wohnungen geschaffen werden – die Familienwohnungen in der *Sargfabrik* selbst sind längst zu groß, seit die Kinder flügge geworden sind. Einige Bewohner würden dann umziehen und Platz machen für jüngere Familien. »Ich könnte mir kein anderes Leben als in Gemeinschaft vorstellen«, sagt Christl. Beatrix nickt: »Ich auch nicht.«

Doch was ist es, das so glücklich macht in einem Wohnprojekt? Christl beschreibt einen Zustand, den sie in den vergangenen zwanzig Jahren öfter erlebt habe: Es ist eine Art Selbstwirksamkeit. Das Haus biete die Möglichkeit, etwas zu gestalten und zu bewegen – sei es, sich bei einem Projekt für Jugendliche aus einem ehemaligen

Kriegsgebiet zu engagieren oder bei einem Charity-Event Spendengelder für den bevorzugten Kandidaten bei der Bundespräsidentenwahl zu lukrieren. Der Begriff Selbstwirksamkeit stammt aus der Glücksforschung; geprägt hat ihn der kanadisch-amerikanische Psychologe Albert Bandura Ende der 1970er-Jahre. Er meint die eigene direkte Erfahrung, etwas erreicht zu haben.

Hat mich unser Wohnprojekt glücklich gemacht? Ganz zu Beginn meiner Suche nach einem neuen Zuhause, als ich als Schwangere eine Immobilienanzeige nach der anderen studiert habe, hielt ich Ausschau nach einer neuen Wohnung. Im Wohnprojekt habe ich mehr als nur das gefunden: Ich habe herausgefunden, dass die Art und Weise, wie ein Gebäude geplant ist, Auswirkung darauf hat, wie es den Menschen darin geht. Ein Haus kann das Leben der Bewohner beeinflussen. Unser Wohnprojekt ist in vielen Aspekten anders als konventionelle Wohnhäuser, und so hat sich auch mein Leben in manchen Punkten verändert.

Ich komme mir manchmal vor wie auf einer riesigen Volkshochschule: Es sind viele praktische Dinge, die ich lerne. Doch vielmehr fordern mich meine Nachbarinnen und Nachbarn immer wieder heraus, meine eigenen Grenzen zu erfahren; andere nicht zu verurteilen; zuzuhören und gelassen zu sein. Das klingt alles furchtbar phrasenhaft. Aber im Zusammenleben habe ich erst bemerkt, wie wenig ich all das kann. Es ist also nicht dieses kuschelige Glück, das ich bekommen habe – sondern eher ein Glück des Dazulernens.

Wenn ich durch unser Haus gehe, in dem viele verschiedene Menschen unter einem Dach leben, erinnert es mich oft an früher, als Kind in unserem Gasthaus. Da sind ältere Leute, Jüngere, Kinder verschiedener Altersstufen, Menschen aus anderen Kulturen. Jeder ist in einer anderen Lebenssituation. Ich empfinde es als sehr bereichernd, mit so vielen verschiedenen Leuten zu tun zu haben und ihren Geschichten zu lauschen. Zugegeben, manchmal ist es auch schwierig, so viel über die anderen zu wissen: Trennungen, Krankheiten, Geldnöte – manches davon bekomme ich hautnah mit.

Und dann gibt es viele dieser kleinen Momente des Glücks: Wenn ich höre, wie mein knapp Zweijähriger Dutzende Nachbarinnen und Nachbarn beim Namen kennt. Wenn ich Theo beobachte, wie er mit seinen Freunden aus dem Haus durch die Gänge jagt oder auf der großen Wiese im Hof Fußball spielt. Wenn ich den Duft der Erde rieche, den Clemens nach ein paar Stunden Gartenarbeit in die Wohnung mitbringt. Dann schaue ich in sein von der frischen Luft rosig gefärbtes Gesicht und weiß, dass es die richtige Entscheidung war, ins Wohnprojekt zu ziehen. Viele Wünsche von damals sind in Erfüllung gegangen: Meine Kinder wachsen mit einem großen Stück Freiheit und einem kleinen Stück Dorf auf. Und ich habe manchmal das Gefühl, dass ich selbst viel zuversichtlicher geworden bin. Ich kann der Zukunft gelassener entgegenblicken als früher – weil ich weiß, dass unser Haus wie ein warmes Nest ist, das mir Sicherheit und Geborgenheit schenkt und in das ich mich jederzeit fallen lassen kann.

Ich hoffe, dass noch viele Menschen sich trauen und das Experiment wagen, in ein gemeinschaftliches Wohnprojekt zu ziehen. Dass sie sich von den vielen Anstrengungen und auch Widersprüchlichkeiten, die ein Kollektivhaus gewiss mit sich bringt, nicht entmutigen lassen, sondern dass sie ihren Träumen von einem besseren Zusammenleben folgen. Ich hatte selbst am Anfang viele Zweifel – vor allem, ob ich das Gemeinschaftliche überhaupt aushalten würde. Für mich ist das Geheimnis einer guten Gemeinschaft, wenn Nähe nicht als Einschränkung, sondern als Bereicherung empfunden wird. Nach fünf Jahren in meinem Wohnprojekt Wien kann ich nur sagen: Ich kann mir für meine Familie und mich nicht mehr vorstellen, ohne unser Haus und unsere Gemeinschaft zu leben. Es ist unser Zuhause geworden.

Danke!

Dieses Buch würde es ohne meine Nachbarinnen und Nachbarn nicht geben. Sie haben mir ihr Vertrauen geschenkt, unser Haus mit all seinen schönen, aufregenden, emotionalen und ambivalenten Seiten von innen zu zeigen und einen Teil unserer Geschichte – wenn auch sehr subjektiv – aufzuschreiben. Danke an Heinz Feldmann und Markus Zilker für viele Gespräche und ihr Know-how; Nadine Hilmar und Michaela Moser für das Lesen des Texts; Christine Amon-Feldmann, Erna Dittelbach, Eva Maria Haas, Jan Hilmar, Renate Kinzl, Joka Kirchner, Erich Kolenaty, Eva Krall-Cook, Katharina Liebenberger, Andrea Pollach, Roberta Rastl-Kirchner, Stefanie Reinberg, Conni Spiola und Rene Tichy für Erinnerungshilfen, Gedankenstrukturierung und fachlichen Input. Ein besonderer Dank gebührt auch all jenen Nachbarinnen und Nachbarn, die im Buch nicht erwähnt werden und ganz, ganz viel für unser Haus geleistet haben – ohne ihren Einsatz würde es das Wohnprojekt Wien nicht geben.

Mein Dank gilt auch jenen Wohnprojekten, die ihre Pforten für mich geöffnet haben und mich hinter die Kulissen blicken ließen: *Sargfabrik Wien* (Ute Fragner, Beatrix Eichinger, Christine Elkner), *Wohnen mit Kindern*, Wien (Theresa Krenn, Conni), *Seestern Aspern*, Wien (Gernot Tscherteu), *wagnis 1*, München, *Kalkbreite*, Zürich (Sabine Wolf, Stefan Salzmann, Pasquale Talerico), *mehr als wohnen*, Zürich (Andreas Hofer, Anna Haller, Werner Brühwiler), Bau- und Wohngenossenschaft *Kraftwerk1* (Andreas Engweiler), *Spreefeld*, Berlin (Angelika Drescher, Michael LaFond), Mietergenossenschaft *SelbstBau*, Berlin (Peter Weber), *Möckernkiez Genossenschaft*, Berlin (Karoline Scharpf) und *Dennewitz Eins*, Berlin (Ulrich Schop).

Michaela Leitner vom Österreichischen Institut für Nachhaltige Entwicklung danke ich für viele Hinweise und Gespräche zum nachhaltigen Wohnen.

Danke an Thomas Weber. Ihm ist es geschuldet, dass das Buch in dieser Form entstehen konnte. Er hat mich während des gesamten Buchprojekts begleitet.

Beim Team des Residenz Verlags, allen voran Claudia Romeder, und meinem Lektor Stephan Gruber möchte ich mich sehr herzlich für die unkomplizierte Zusammenarbeit bedanken.

Judith Wolfsberger und Ana Znidar danke ich, dass sie mich immer wieder bestärkt und die richtigen Fragen gestellt haben.

Zu guter Letzt möchte ich meiner Familie danken: meiner Mutter Ingrid für ihre unermüdliche Tatkraft und ihre vielen Hilfen im Schreibprozess; meinen Schwiegereltern Ingrid und Hans für die liebevolle Betreuung der Kinder und die Schreib-Zuflucht im Mühlviertel; meinem Freund, kritischsten Leser und wichtigster Stütze, Clemens. Danke!

Das Wohnprojekt Wien

Krakauer Straße 19, 1020 Wien, ehemaliges Nordbahnhof-Gelände
Kontakt: office@wp-wien.at – www.wohnprojekt-wien.at

Gemeinschaftliches Wohnprojekt mit 39 individuellen Wohneinheiten (3300 m² Wohnnutzfläche), 700 m² Gemeinschaftsräumen und 350 m² Gewerbeflächen

Herbst 2009	Gründung »Verein für nachhaltiges Leben«
März 2010	Bauträgerwettbewerb
Dezember 2011	Baubeginn
Dezember 2013	Fertigstellung und Bezug

Eigentümer: Verein für nachhaltiges Leben; Gemeinschaftseigentum, kein individuelles Eigentum

Organisationsform: Verein
Mitglieder: rund 65 Erwachsene und 35 Kinder
Entscheidungsform: Soziokratie; sechs Arbeitsgruppen
Projektvolumen: rund 9,9 Millionen Euro; Wohnbauförderung des Landes Wien
Planung und
Planungsbeteiligung: einszueins architektur
Bauträger: Schwarzatal – Gemeinnützige Wohnungs- und Siedlungsanlagen GmbH

Auszeichnungen
Wiener Wohnbaupreis, Anerkennungspreis 2015
Umweltpreis der Stadt Wien 2012
VCÖ-Mobilitätspreis 2014
Österreichischer Staatspreis für Architektur und Nachhaltigkeit 2014
Mies van der Rohe Award 2015 (nominiert)
Hans Sauer Preis 2016
Lebenszyklus-Award 2016

Weiterbauen

Interessenvertretungen, Plattformen, Wohnprojekte-Agenturen:
www.stiftung-trias.de – Stiftung trias
www.maryon.ch – Stiftung Edith Maryon
www.rasenna.at – Verein RASENNA – Boden mit Zukunft
www.montag-stiftungen.de/urbane-raeume/stiftung-urbane-raeume.html – Montag Stiftung Urbane Räume
www.wohnprojekte-portal.de – Das Wohnprojekte-Portal
www.fgw-ev.de – Forum Gemeinschaftliches Wohnen
www.bundesverband-baugemeinschaften.de – Bundesverband Baugemeinschaften

www.cohousing-berlin.de – CoHousing Berlin
www.mitbauzentrale-muenchen.de Mitbauzentrale München
www.wohnbund.de – Verband zur Förderung wohnpolitischer Initiativen
www.urbanes-wohnen.de – Verein für besseres Wohnen in der Stadt, München
www.netzwerk-wohnprojekte.de – Bayerisches Netzwerk Wohnprojekte
www.wbb-nrw.de – WohnBund-Beratung NRW
www.hamburg.de/baugemeinschaften – Gemeinsam in Hamburg bauen
www.zusammen-bauen-lohnt.de – Koordinierungsrunde Baugemeinschaften Hamburg
www.gemeinschaftliches-wohnen.de – Netzwerk Frankfurt für gemeinschaftliches Wohnen
www.wohnprojekte-sh.de – Interessenverband Wohnprojekte Schleswig-Holstein
www.baugemeinschaften.hda-koeln.de – Netzwerk für gemeinschaftliches Bauen und Wohnen Köln
www.stuttgart.de/baugemeinschaften

www.gen-europe.org – Global Ecovillage Network Europe

www.eurotopia.de – Verzeichnis europäischer Gemeinschaften und Ökodörfer

www.gemeinsam-bauen-wohnen.org – Plattform für gemeinschaftliches Wohnen in Österreich

Inspirierende Wohnprojekte, Genossenschaften und Öko-Dörfer:
www.sargfabrik.at – Sargfabrik Wien
www.brot-verband.at – Gemeinschaft B.R.O.T.
www.seestern-aspern.at – Seestern Aspern, Wien
www.diewogen.at – Die WoGen Wohnprojekte-Genossenschaft

www.syndikat.org – Mietshäuser Syndikat
www.wagnis.org – Wohnbaugenossenschaft wagnis, München
www.wogeno.de – WOGENO München
www.schloss-blumenthal.de – Schloss Blumenthal, Aichach-Klingen
www.selbstbau-eg.de – Mietergenossenschaft SelbstBau, Berlin
www.moeckernkiez.de – Möckernkiez Genossenschaft, Berlin
www.spreefeld-berlin.de – Spreefeld Genossenschaft, Berlin
www.zegg.de – Zentrum für experimentelle Gesellschaftsgestaltung, Bad Belzig
www.schloss-tempelhof.de – Gemeinschaft Tempelhof, Kreßberg
www.siebenlinden.de – Ökodorf Sieben Linden, Beetzendorf
www.wohnprojekt-wilde-rosen.de – Wohnprojekt Wilde Rosen, Ahrensburg
www.schanze-eg.de – Wohnungsbaugenossenschaft Schanze, Hamburg
www.samtweberviertel.de – Samtweberei, Krefeld
www.amaryllis-bonn.de – MehrgenerationenWohngenossenschaft Amaryllis, Bonn
www.grether.syndikat.org – Grethergelände, Freiburg
www.ufafabrik.de – ufaFabrik, Berlin

www.kraftwerk1.ch – Bau- und Wohngenossenschaft Kraftwerk1, Zürich
www.kalkbreite.net – Genossenschaft Kalkbreite, Zürich
www.mehralswohnen.ch – Baugenossenschaft mehr als wohnen, Zürich

Gemeinschaftliches Wohnen im Alter:
www.netzwerk-generationen.de – Beratungsstelle für generationenübergreifendes Wohnen in Berlin
www.serviceportal-zuhause-im-alter.de – Angebote des Bundesministeriums für Familie, Senioren, Frauen und Jugend
www.wohnprojekte.de – Wohnprojektbörse des Forums für Senioren

Partizipation, »Urbanismus von unten«, Nachbarschaft:
www.experimentdays.de – Plattform EXPERIMENTDAYS, Berlin
www.id22.net – id22: Institut für kreative Nachhaltigkeit, Berlin
www.planbude.de – PlanBude, Hamburg
www.das-gaengeviertel.info – Verein Gängeviertel, Hamburg
www.kottiundco.net – Kotti & Co. Die Mietergemeinschaft am Kottbusser Tor, Berlin
www.urbanize.at – urbanize! Internationales Festival für urbane Erkundungen

www.neue-nachbarschaft.de – Neue Nachbarschaft für Immovielienmacher
www.netzwerk-nachbarschaft.net – Netzwerk Nachbarschaft, Hamburg
www.neustartschweiz.ch – Neustart Schweiz, Zürich
www.serviceportal-zuhause-im-alter.de/werkzeugkasten/aus-der-praxis-fuer-die-praxis.html – »Werkzeugkasten« von erprobten Methoden und Instrumenten für gelingende Nachbarschaft
www.mehrgenerationenhaeuser.de – Informationen des Bundesministeriums für Familie, Senioren, Frauen und Jugend über Mehrgenerationenhäuser

Gemeinschaft, Gemeinschaftsentwicklung:
www.oya-online.de – Zeitschrift für gemeinschaftliches Leben, solidarisches Wirtschaften, soziales Handeln und vieles mehr
www.dianaleafechristian.org – Persönliche Website von Diana Leafe Christian
www.sociocratie.nl – The Sociocracy Group. Sociocratisch Centrum Nederland
www.soziokratie.at – Soziokratie Zentrum Österreich

Quellen

Becker, Annette/Kienbaum, Laura/Ring, Kristien/Schmal, Peter Cachola (2015): Bauen und Wohnen in Gemeinschaft, Birkhäuser.

Brandl, Freya/Gruber, Ernst (2014): Gemeinschaftliches Wohnen in Wien – Bedarf und Ausblick, http://www.wohnbauforschung.at/index.php?id=441.

Brühl, Kirsten/Pollozek, Silvan (2015): Die neue Wir-Kultur, Zukunftsinstitut.

Durett, Charles/McCamant, Kathryn (2011): Creating CoHousing. Building Sustainable Communities, New Society Publishers.

Eberle, Ute (2012): Guter Nachbar, böser Nachbar. Die Psychologie der ungewollten Nähe. In: GEO 08/2012.

Emmenegger, Barbara/Müller, Meike/Nägeli, Bettina (2016): Nachbarschaften in Wohnbau-Genossenschaften. Wohnen zwischen Optionen und Verbindlichkeiten. In: dérive. Zeitschrift für Stadtforschung, Okt.–Dez. 2016.

Fedrowitz, Micha (2011): Gemeinschaftliches Wohnen in Deutschland. In: Nationalatlas aktuell (09/2011), http://aktuell.nationalatlas.de/wohnprojekte-9_09-2011-0-html.

Hofmann, Susanne (2014): Partizipation Macht Architektur. Die Baupiloten-Methode und Projekte, Jovis.

Holz, Astrid/Muus, Rüdiger/Walberg, Dietmar/ARGE//e.V. Arbeitsgemeinschaft für zeitgemäßes Bauen (Hg.) (2015): Leitfaden für Gruppenwohnprojekte.

id 22: Institute for Creative Sustainability (2012): CoHousing Cultures. Handbuch für selbstorganisiertes, gemeinschaftliches und nachhaltiges Wohnen, Jovis.

Kleilein, Doris/Ballhausen, Nils (2008): Auf dem Weg zur Stadtbaugruppe. In: Bauwelt, 39–40/2008.

Leafe Christian, Diana (2003): Creating a Life Together: Practical Tools to Grow Ecovillages and Intentional Communities, New Society Publishers.

Leitner, Michaela/Markut, Theresia/Mandl, Sylvia/Littig, Beate (2015): Nachhaltiges Wohnen und Arbeiten in einem Wohnprojekt.

Eine komparative praxistheoretische Analyse, http://oin.at/_publikationen/PublikationenNEU/Forschungsberichte/Endbericht_NachhaltigesWohnenUndArbeiten.pdf.

Maak, Niklas (2014): Wohnkomplex. Warum wir andere Häuser brauchen, Hanser.

Marckmann, Bella / Gram-Hanssen, Kirsten / Haunstrup Christensen, Toke (2012): Sustainable Living and Co-Housing: Evidence from a Case Study of Eco-Villages. In: Built Environment 38/3.

Neustart Schweiz (Hg.) (2016): Nach Hause kommen. Nachbarschaften als Commons, Edition Volles Haus.

Paul, Christiane (2013): In Gemeinschaft leben. Eine Analyse von Ideal und Realität intergenerationeller Wohnprojekte unter der Perspektive von Lern- und Bildungsprozessen. Dissertation, Univ. zu Köln.

Probst, Matthias (2014): »mehr als wohnen« und die 2000-Watt-Gesellschaft. In: Schriftenreihe WBG, Dokumentationsstelle Forschung und Innovation, Band 10.

Rosa, Hartmut (2010): Theorien der Gemeinschaft, Junius.

Sassen, Saskia (2015): Who owns our cities – and why this urban takeover should concern us all, https://www.theguardian.com/cities/2015/nov/24/who-owns-our-cities-and-why-this-urban-takeover-should-concern-us-all?CMP=share_btn_fb.

Schäfer, Annette (2015): Gemeinsam glücklich. In: Psychologie Heute, Juni 2015.

Siebter Bericht zur Lage der älteren Generation in der Bundesrepublik Deutschland. Sorge und Mitverantwortung in der Kommune – Aufbau und Sicherung zukunftsfähiger Gemeinschaften (2015), https://www.siebter-altenbericht.de.

Strauch, Barbara / Reijmer, Annewieck (2016): Soziokratie. Das Ende der Streitgesellschaft, Soziokratie Zentrum Österreich.

Strobl, Hilde / Schaller, Natalie / Skok, Heike (2016): Keine Angst vor Partizipation! Das kleine ABC des gemeinsamen Bauens und Wohnens, Hatje Cantz.

Wohnportal Berlin (2012): Gemeinschaftliche Wohnprojekte. Ein Praxisleitfaden, http://www.wohnportal-berlin.de/sites/default/files/Textbeitrag/1472/pdf/Praxisleitfaden_Gemeinschaftl_Wohnen.pdf.

Urs Niggli

Alle satt?

Ernährung sichern für
10 Milliarden Menschen

ISBN 978 3 7017 3419 1

Wir haben es satt: Landwirtschaft und Ernährung bringen sogar junge Menschen auf die Straße. Was noch vor 50 Jahren eine langweilige Sache von Bauern war, wird heute heiß diskutiert, denn in naher Zukunft leben 10 Milliarden Menschen auf unserem Planeten. Kann die Menschheit mit biologischer Landwirtschaft ernährt werden? ein Sündenfall? Zerstört eine auf Hightech basierende industrielle Landwirtschaft die ländlichen Räume, verbraucht die natürlichen Ressourcen und vertreibt die Menschen in die Städte? Der Autor Urs Niggli versucht, Lösungen aufzuzeigen. Dass diese nicht einfach sind, davor sei gewarnt.